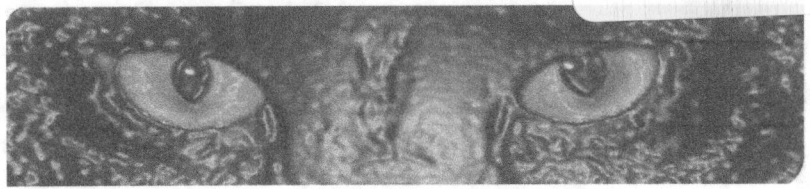

NIST 800-171: "Além do Departamento de Defesa"

Ajudando com New Federal-wide Requisitos de Segurança Cibernética

Inclui a "Lista de verificação de conformidade" abrangente

Mark A. Russo
CISSP-ISSAP, CISO

DEDICAÇÃO

Este livro é dedicado à cibersegurança de homens e mulheres que protegem e defendem os Sistemas de Informação desta grande nação.

Isso também é dedicado à minha família que têm sido favoráveis a meus esforços para mergulhar na escrita não apenas como um hobby, mas um chamado para tornar o mundo um lugar melhor e mais seguro.

Aspectos Legais

qualquer registrado [®] *componente do sistema, hardware ou software chamado identificado serve apenas para fins educacionais e não interpreta qualquer promoção do produto. Os leitores devem exercer a sua diligência e realizar pesquisa de mercado para identificar seus produtos necessários de acordo com a sua empresa ou agência de políticas e normas.*

NIST 800-171: "Beyond DOD"

Índice

NIST 800-171 Aplicabilidade às futuras concessões de contratos

expectativas

No final de 2018, a expectativa é que os Estados Unidos (EUA) governo federal irá expandir o Instituto Nacional de Padrões e Tecnologia (NIST) Publicação Especial (SP) 800-171, revisão 1, Proteger informações não classificadas em Sistemas de Informação nonfederal e Organizações cibersegurança publicação técnica será aplicada à totalidade do governo federal. Ele vai exigir que qualquer empresa, empresa ou agência, apoiando o Governo dos EUA é totalmente compatível com NIST 800-171 o mais tardar na data da adjudicação do contrato. O Federal Acquisition Regulation (FAR) Caso do Comitê # 2017-016 tinha uma data de suspense originais março de 2018; essa data veio e se foi. O prazo mais recente e esperado para qualquer decisão final mudou-se para um período de tempo esperado de novembro 2018.

Enquanto publicações NIST 800-series Segurança Cibernética dizer um negócio "que" é necessária, eles não necessariamente ajuda em dizer "como" para atender os 110 requisitos de controlo de segurança em NIST 800-171. O número de controles de segurança pode aumentar ainda mais com base nas ameaças reais ou percebidas para uma agência federal. As empresas devem confirmar os requisitos de controle com seu respectivo Escritório Contrato.

Este livro é criado para ajudar o pequeno e um grande negócio na reunião o mais novo requisito de segurança cibernética contratação. Ele é destinado a ajudar empresas e sua Tecnologia da Informação (TI) staffs' sobre a melhor forma de enfrentar os desafios da reunião 2016 Instituto Nacional de Padrões e Tecnologia (NIST) 800-171, revisão 1. Isto inclui ainda o cumprimento da Aquisição Federal Regulamento (FAR) cláusula de 52,204-21 e seu suplemento companheiro DOD, o regulamento Defesa Federal Acquisition Supplement (DFARS), e sua cláusula específica, 252,204-7.012.

Além disso, este livro é dedicado e criado para dar às empresas e suas equipes de TI uma start point-substantivo. Ele é projetado para percorrer os controles de segurança em detalhes suficientes para garantir a autorização para operar e realizar negócios regulares, bens e serviços, com o governo federal dos EUA. Esta abordagem é oferecido em provável antecipação de uma exigência de grande federal para todas as empresas que tentam mostrar uma representação "boa-fé" de satisfazer as novas exigências NIST 800-171.

NIST 800-171 aplica-se a primeira e subcontratados. Há três obrigações contratuais principais:

1. "Adequadamente salvaguardar" As informações não classificadas Controlada (CUI), e se a trabalhar com o Departamento de Defesa (DOD), coberto / Critical Informação de Defesa (CDI).

2. Fornecer relatórios para o governo quando uma violação rede de TI é identificado oportuna cyber-incidente; tipicamente, dentro de 72 horas ou mais

cedo.

3. Se estiver operando com um provedor de serviços de Cloud (CSP), a segurança "adequada" precisa ser demonstrada; geralmente através de um contrato com o CSP que mostra que eles estão fornecendo segurança adequada para fornecer proteção de dados como um provedor de serviços de terceiros. Um acordo de contrato ou de Nível de Serviço (SLA) deve mostrar o negócio é executar som diligence cibersegurança para Oficiais contrato com o governo (CO).

O que é "segurança adequada?" Segurança adequada é definida pelo "cumprimento" das NIST 800-171 controles de segurança 110, e quando o negócio é emitido a solicitação, ou seja, de adjudicação do contrato. Também será considerada adequada em cima de uma autorização concedida ao negócio ou empresa pelo CO designado. Isso não significa que todos os controles de segurança estão em vigor, mas onde é necessário um desvio, um Plano de Ação e Marcos (poam) é fornecido.

A poam é exigido como parte do pacote de submissão oficial ao governo. Deve identificar por que a companhia atualmente não pode abordar o controle, e quando espera resolver o controle. (Consulte o guia suplementar:. Escrevendo um Plano de ação eficaz e Marcos (poam) disponível no Amazon® para mais detalhes)

A empresa também é obrigada a fornecer relatórios cyber-incidente oportuna para o governo quando uma violação em sua rede ocorreu. A exigência DOD, por exemplo, é que o negócio notifica o governo dentro de 72 horas após o reconhecimento de um incidente de segurança. (Veja o capítulo sobre a família de controle de Resposta a Incidentes (IR)).

Além disso, o Governo dos EUA pode exigir o negócio para notificar apoio cibersegurança e de resposta elementos dentro do governo federal. Isso pode incluir o Departamento de Segurança Interna Response Team (DHS) dos Estados Unidos Computer Emergency (US-CERT) (https://www.us-cert.gov/) Ou outro como agência dentro do governo.

Alterando requisitos do contrato de cibersegurança federal também está levando em consideração as vastas movimentos dentro dos setores público e privado em serviços de nuvem. Normalmente, as proteções de segurança poderia ser encontrado em quaisquer contratos ou SLA entre a empresa eo CSP. Estes são evidências normalmente suficiente para o governo.

A boa notícia sobre CSPs estão há muitos CSPs atuais que já estão em conformidade com o governo do Risco Federal e Programa de Gestão de Autorização (FedRAMP). Ser FEDRAMP compatível antes da apresentação final do corpo NIST 800-171 of Evidence (BOE) irá reduzir os desafios do uso de um CSP não certificada; planeje se pensando em mudar parte ou todo o negócio operações na 'nuvem'.

Consequências do não cumprimento

Existem vários contratantes principais consequências e seus subcontratados precisam considerar se incapazes de cumprir ou manter o seu cumprimento. Isso pode incluir várias consequências graves e é vital o negócio permanece atual com relação a quaisquer mudanças na sua postura de segurança cibernética. Fique sempre atual sobre qualquer novo NIST 800-171 direção em geral, ou específico para a agência a ser suportado. Deixar de manter-se atualizado com o escritório de Contrato pode comprometer as relações comerciais com o governo. Estas consequências podem incluir:

- Impacto para futura seleção contrato. Isso pode ser tão básico como um disbarment temporária do contrato de trabalho federal. Ele também poderia incluir medidas permanentes por parte do governo para suspender uma empresa por um período muito mais longo. Além disso, o governo poderia perseguir a empresa por fraude ou deturpação clara da sua postura de segurança ao governo dos EUA. Isso provavelmente ocorreria quando um incidente de segurança cibernética ocorre dentro da rede das empresas. Isso provavelmente resultaria no governo nomeado assessor de terceiros que iria determinar se houve uma violação deliberada para NIST 800-171 e quaisquer cláusulas FAR / DFARS associados. Lembre-se, o negócio vai ser sempre avaliadas com base nos seguintes critérios:
  - Havia segurança adequada no local antes e durante o incidente?
  - Foram as proteções adequadamente estabelecida com base em um esforço de boa-fé pela empresa para proteger CUI / CDI?

- Assessments iniciado pelo Governo. Nesta fase, o Governo terá acesso irrestrito a determinar a culpabilidade do incidente e se trouxe mais danos contra o governo e suas agências. A cooperação é uma obrigação fundamental e ocultar o incidente pode ter impactos piores do que não informar a intrusão.

- A poam será necessária. O governo provavelmente irá mandato um poam ser desenvolvido para atender a descoberta. Este deve ser um bom esforço para identificar etapas intermediárias com datas finais e planejadas de conclusão para garantir uma situação não irá ocorrer novamente. (Veja o suplemento: Escrevendo um Plano de ação eficaz e Marcos:https://www.amazon.com/NIST-800-171-Milestones-Understanding-Responsibilities-ebook/dp/B07C9T3ZCT/ref=sr_1_1?ie=UTF8&qid=1523295943&sr=8-1&keywords=writing+an+effective+poam&dpID= 51eT-dSVLRL & Prest = 5Y445_QL70_ & dpSrc = srch).

- Perda de contrato. Pior caso, o Diretor de Contrato pode determinar que a empresa não conseguiu cumprir os requisitos de segurança cibernética. Os resultados dessa determinação provavelmente irá resultar em cancelamento do contrato por justa causa.

O curso provável: Cláusula FAR 52,204-21

Para salvaguardar muito básico de sistemas de informação empreiteiro que processar, armazenar ou transmitir federal "informações de contrato," esperamos que esta cláusula será modificada para reduzir vários dos controles específicos de segurança NIST 800-171. A pared para baixo a seleção dos controles seria usado em as fases iniciais de NIST 800-171 implementação e transição para uma agência federal. FAR 52,204-21 pode ser modificado para cerca de quinze (15) controles "básicos" de cibersegurança para o sistema de informações do contratante. Isso se aplica mais tipicamente de "informações de contrato Federal ."quando uma sociedade claramente armazena, processa ou transmite dados federais A linguagem específica é:

> *"Informações, não destinado a divulgação pública, que é fornecido pelo ou gerado para o governo sob um contrato para desenvolver ou entregar um produto ou serviço para o Governo, mas não incluindo informações fornecidas ao público (como em sítios Web públicos) ou informações transacionais simples, como necessário para processar os pagamentos."*

Esta cláusula não vai exigir que todos os controles de segurança 110 e, em particular, é esperado para reduzir ou minimizar os seguintes tipos de controles associados:

1) requisitos de formação de Segurança Cibernética
2) A autenticação de dois factores (2FA)
3) descrições de controle do sistema detalhado
4) incidentes de segurança cibernética ou notificações de violação

Esperar algumas agências federais para aplicar essa cláusula de longo prazo, uma vez que abre a agência federal para tanto escrutínio público e do Congresso. Esperar que isso seja aplicado como uma solução de curto prazo até que uma futura alteração do contrato ocorre, ea agência está mais confiante em sua compreensão e aplicação de NIST 800-171.

Finalmente, este livro é ainda aplicável para cenário de implementação FAR 52,204-21. Ele pode ser usado para responder os controles esperados 15 de segurança identificadas nos próximos capítulos deste livro. Verifique os controles de segurança necessárias reais com o Escritório Contrato. É importante para confirmar as explicações de controle necessários, como descrito mais tarde no especificado nos capítulos posteriores e sua respectiva família controle.

Qual é a prova mínima de postura de segurança cibernética de uma empresa?

A base do NIST 800-171 é que os empreiteiros fornecer a segurança adequada em todas contratante coberto Sistemas de Informação (SI). Tipicamente, o requisito mínimo para demonstrar a aplicação de controlo é através de documentação. Outro termo que é usado em todo este livro é um artefato. Um artefato é qualquer representação a um escritório contrato ou assessor de terceiros independente que mostra o cumprimento dos controles de segurança específicos. É uma grande parte da prova que um empresário iria fornecer ao governo federal.

O termo comum para a recolha de todas as aplicações e artefatos de suporte é o Body of Evidence (BOE). Os principais itens necessários para o BOE inclui três itens principais:

1. **Política da Empresa ou procedimento.** Para este livro, esses termos são usados alternadamente. Essencialmente qualquer direção aos empregados internos e subcontratados que são aplicáveis sob as leis trabalhistas dos Estados Unidos e de Recursos Humanos (HR) direção. Recomenda-se que uma tal política ou procedimento artefato ser uma coleção singular de como a empresa aborda cada um dos controles de segurança 110.

LEMBRETE: Todos política ou procedimento requisitos são melhor capturadas na política de negócios simples ou guia de procedimento. Esta deve abordar os controles alinhados com as famílias de controle de segurança

---

2. **Plano de Sistema de Segurança (SSP).** Este é um documento de segurança cibernética padrão. Ele descreve a infra-estrutura geral de TI da empresa para incluir listas de hardware e software. Sempre que necessário, sugestões de artefatos adicionais que devem ser incluídos neste documento e duplicadas em um formato padrão SSP será recomendada. (Veja System Security Plan (SSP) Modelo e pasta de trabalho: um suplemento para Compreender sua responsabilidade Conheça NIST 800-171 em Amazon®)

A introdução livre 36 minutos para o SSP está atualmente disponível no Udemy.com em https://www.udemy.com/system-security-plan-ssp-for-nist-800-171-compliance/learn/v4/overview.

3. **Planos de Ação e Marcos (poam).** Este descreve qualquer controle que a empresa não pode corrigir ou totalmente demonstrar o seu cumprimento integral. Ele fornece uma oportunidade para uma empresa para atrasar abordar um difícil de implementar solução técnica ou porque o custo pode ser proibitivo.

POAMs deve ter sempre uma data de conclusão prevista e etapas intermediárias definidas que descreve as ações que levam a uma resolução total ou implementação do controle. POAMs normalmente não deve ser por mais de um ano, no entanto, uma dica importante, uma empresa pode solicitar uma extensão várias vezes se incapaz de satisfazer plenamente o controle.

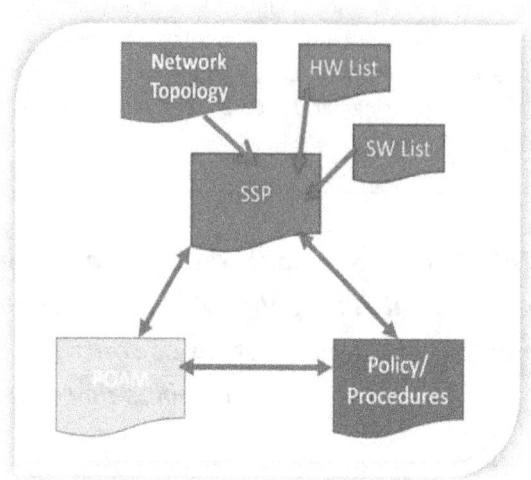

Os principais artefatos necessários pelo Governo Federal sob NIST 800-171

Ao trabalhar com o governo, sendo simples e consistente sempre ajuda através de um processo muito jovem e menos-que-definido

Por que perseguir uma expansão de padrões de cibersegurança baseados em NIST?

O Escritório de Gestão de Pessoal Breach

intrusões em curso sobre sistemas federais críticos apontam para os efeitos já ágeis e altamente impactantes de ameaças cibernéticas em todo o mundo. Relatórios dos grandes volumes de dados de pessoal exfiltrated do Escritório de Gestão de Pessoal (OPM), e intrusões em redes aparentemente altamente protegidos do DOD, por exemplo, destaca a necessidade de mudança. "Por quase uma semana, alguns militares e civis 4.000-chave de trabalho para os Joint Chiefs of Staff [tinha] perderam o acesso ao seu e-mail não classificado depois do que agora se acredita ser uma intrusão no servidor Pentágono crítica que lida com essa rede de e-mail ... "(Starr, B. 2015, 31 de julho Os militares ainda está lidando com cyber-ataque 'bagunça' Retirado de CNN.com.: http://www.cnn.com/2015/07/31/politics/defense-department-computer-intrusion-email-server/). As ameaças são difusas e NIST 800-171 e os desenvolvimentos em curso de outros NIST desenvolveu estruturas de segurança para ajudar as empresas e as empresas estão se aproximando de liberação para ajudar e ajudar em termos de proteções de segurança cibernética nacional.

A necessidade de implementar e melhorar o quadro de gestão de riscos (RMF) com base em 800-série focada-cibersegurança do NIST, continua a ser muito debatido. O desafio tem sido sobre a possibilidade de expandir o "quadro" NIST RMF além do governo federal. E se o governo federal determinou a sua aplicabilidade para o setor privado? Este livro é escrito em antecipação a essa expansão. Pode a expansão do 800-series NIST, para incluir especificamente NIST 800-171, proporcionar um melhor meio para proteger os dados sensíveis da nação?

Esta expansão inclui melhorar as leis e regulamentos para aumentar a proteção corporativa e segurança cibernética negócios; isto pode alavancar as leis atuais, como a Lei de Gestão de Segurança da Informação Federal (FISMA). Tais leis, regulamentos e processos se destinam a melhorar e proteger as infra-estruturas críticas e dados sensíveis armazenados dentro dos limites físicos dos EUA e suas corporações vitais. Presumivelmente, tal evolução vai proteger melhor os dados vitais e confidenciais dos EUA de ambos os atores estatais internos e estrangeiros que desejam prejudicar os EUA.

Além disso, FISMA foi escrito pelo Congresso para reduzir a preocupação e eficácia dos ciber-ataques contra o governo federal e sua vasta infra-estrutura de TI. FISMA e outras leis de cibersegurança fornecer um método para melhorar a supervisão das aplicações de segurança da informação, sistemas e redes. FISMA procurado mais para "... proporcionar um quadro abrangente para garantir a eficácia dos controles de segurança da informação sobre os recursos de informação que suportam as operações federais e ativos"(Governo dos EUA (2002) Federal Information Security Management Act de 2002 (44 USC §§ 3541-3549) Retirado de NIST...: http://csrc.nist.gov/drivers/documents/FISMA-final.pdf)). A preocupação agora está sendo mais amplamente demonstrado pela recente obrigatoriedade de NIST 800-171 pelo DOD e seus parceiros de negócios, e expectedly, o resto das infra-estruturas de TI dos governos federais.

Foreign ameaças cibernéticas

A Comissão Federal de Comunicações (FCC), por exemplo, é desanimador telecomunicações dos EUA e empresas de Internet da compra de tecnologia chinesa que poderia ser usado para vigilância. "As ameaças à segurança nacional apresentado por determinados fornecedores de equipamentos de comunicações são um motivo de preocupação bipartidária. "Ocultos 'portas dos fundos' para nossas redes em roteadores, switches - e praticamente qualquer outro tipo de equipamento de telecomunicações - pode fornecer uma avenida para governos hostis para injetar vírus, lançar ataques de negação de serviço, roubar dados, e muito mais." O casa e Comitê de inteligência do Senado aconselhou o FCC para parar de vendas com base em análise da comunidade de inteligência dos EUA e atualizações para o FCC sobre alegado papel da Huawei nos esforços de vigilância chineses.

"Como um membro do Comitê de Inteligência da Câmara, ficou claro para mim que [uma grande empresa de telecomunicações chinesa] não pode ser confiável e poderia representar uma ameaça à segurança se for dado acesso a redes do governo dos EUA", Rep. Mike Turner, R-Ohio , afirmou. "A decisão do FCC para não usar produtos de TI chinês é um passo importante para proteger [os EUA] de possíveis violações de segurança, e eu apoiá-los plenamente neste."

Especificamente, Verizon® e AT & T® seus planos em janeiro 2018 para comprar chinesa TI e equipamentos de telecomunicações. (FONTE: https://www.washingtonexaminer.com/policy/defense-national-security/fcc-wants-chinese-tech-out-of-us-phones-routers)

Departamento de Defesa (DOD)

Em 2014, o Departamento de Defesa adoptada 800-série global NIST RMF como padrão cibersegurança. Em 2017, é necessária oficialmente sua força de trabalho contrato para atender especificamente a exigência NIST 800-171. A direção geral tornou-se a orientação DOD atual para proteger de forma mais eficaz os seus próprios dados de TI críticos e infra-estruturas, e se expandir para além de seus limites DOD para proteger seus dados transmitidos para o setor contratante privado.

NIST 800-171 vai ser um desafio para as empresas que querem continuar ou começar a empreendimentos comerciais com o governo. Este livro está empenhada em oferecer uma abordagem racional que novatos através de pessoal de TI especialistas podem efetivamente empregar para atender os controles de segurança 110. É através de um esforço de "boa-fé" por parte da empresa que é esperado para proteger tipos de dados sensíveis, tais como CUI e CDI.

Este é um livro de instruções. Ele não se destina apenas para a execução atual do DOD de NIST 800-171, mas o futuro promulgação do governo em todo o Federal antecipada de NIST 800-171.

DOD Cybersecurity se agravar

NIST 800-171 revisão 1 foi a primeira tentativa para DOD que se aplica a fornecedores e empreiteiros para garantir CUI / CDI está devidamente protegido contra ameaças. foi ainda mandatado-se que a informação sobre o negócio de uma empresa específica para o DOD está protegido de compromisso ou explorar; isto é, a modificação, a perda ou a destruição. Ele está tentando garantir um esforço básica é executada para proteger própria CUI interno da empresa, bem como informações DOD co-instalados que é criado como parte das operações normais de negócios da empresa.

Em 31 de dezembro de 2017, qualquer empresa que pretenda fazer negócios com DOD é necessária para atender os controles de segurança baseados em NIST 110. As empresas podem implementar essas soluções de segurança seja diretamente ou por meio de fora, terceiro, "serviços gerenciados" para satisfazer os requisitos de proteção da Controlada As informações não classificadas (CUI) / Informações de Defesa Coberto (CDI). publicações NIST, enquanto antes não obrigatórios para "entidades não federais", NIST 800-171 rev. 1, é a primeira vez que uma agência federal determinou agências nonfederal, vis a vis, empresas privadas, em conformidade com esta publicação específica-federal.

organizações "não federais", tais como empresas, e seu processamento sistemas de TI interna, armazenar ou transmitir CUI / CDI pode ser obrigado a cumprir com NIST 800-171. No caso do DOD, que a sugestão agora é obrigatório.

CUI e CDI não são considerados informação nacional nível de segurança como o mais típico dentro do DOD, como Confidencial, Segredo, ou Top Secret. O ex-terminologia DOD para CUI ou CDI foi predominantemente categorizado como para Official Use Only (FOUO). Esses dados são considerados sensíveis, mas não necessitando de mecanismos de segurança ou de controle mais rigorosas como com informações de segurança nacional. CUI básico / CDI podem incluir registros de funcionários, informações pessoais sobre saúde (PHI), ou informações de identificação pessoal (PII) protegidas por leis federais e estaduais. CDI é mais específico para as funções operacionais e de suporte exigidos pelo DOD para executar sua missão nacional.

Os 110 controles de segurança explícitas de NIST 800-171 são extraídos de documento segurança cibernética núcleo do NIST, NIST 800-53, controles de segurança e privacidade para Sistemas de Informação Federal e organizações, que são consideradas vitais para os sistemas de negócios e de combate DOD. Além disso, este é um conjunto altamente preparados para baixo de controles para atender o requisito de segurança com base em mais de mil potenciais controles oferecidos a partir NIST 800-53; este é um conjunto mais amplo de controles usados pelo DOD para proteger todos os seus sistemas de seus caças às suas bases de dados vastas pessoal.

Pessoas-Process-Technology (PPT) Modelo

Este livro centra-se empresários, e sua equipe de suporte de TI, para atender tanto o mínimo e mais completos respostas sugeridas para cada um dos controles especificados. Empresas felizmente só precisa se concentrar sobre a forma de melhor enfrentar esses controles em um "mínimo" natureza e garantir a concordância do governo federal que a empresa tem o controle positivo de seus limites de segurança onde seus sistemas de missão e os dados residem. Além disso, é mais cuidadosamente a intenção de ajudar a empresa a proteger seus dados confidenciais e propriedade intelectual (IP).

O Modelo de Pessoas, Processos e Tecnologia (PPT) é a orientação recomendada para responder a muitos dos controles dentro NIST 800-171. Embora todas as soluções não necessariamente exigem uma resposta tecnológica, a consideração das pessoas (por exemplo, quem? Que habilidade conjuntos? Etc.) e processo (por exemplo, as notificações para a gerência sênior, os fluxos de trabalho de ação, etc.) se reunirá muitos dos requisitos de resposta . Consulte Controle 3.6.1 que fornece exemplos de respostas que poderiam ser oferecidos ao aplicar o modelo de Pessoas-Process-Technology (PPT). As melhores respostas normalmente incluem os tipos e tipos de pessoas designadas para supervisionar o controle, o processo ou procedimentos que identificam o fluxo de trabalho que irá garantir que o controle for atendida, e em alguns casos, a tecnologia que vai atender o controle em parte ou na íntegra.

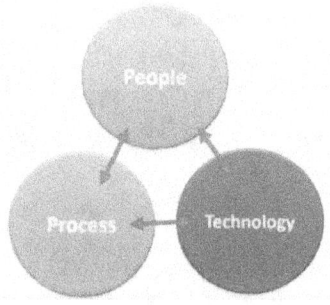

PPT modelo

Mais Sobre Artefatos e POAMs

Outros artefatos que poderá ocasionalmente ser discutido, mas não menos importante, é o SSP e poam. Estes serão grandes porções do BOE submetido ao governo. Artefatos são projetados para suportar afirmações de integridade e este livro, por exemplo, pode incluir "capturas de tela" como uma das muitas provas de que um controle é cumpridos; todos os sistemas operacionais modernos (OS) incluem uma função "print screen" onde o texto ou a imagem é capturada, colocado na memória do computador temporário e pode ser inserido em um aplicativo de documento. Este pode então ser facilmente fornecidos a uma CO ou um assessor de controle de segurança na forma de uma artefato cópia mole ou duro. O pessoal de TI deve usar esta função para mostrar, por exemplo, as definições de política ou de registro do sistema (auditoria) dos dados. Quando em dúvida, sempre tem alguma forma de representação gráfica para mostrar ao governo.

O poam será usado onde o negócio não pode atender ou resolver o controle seja por razões técnicas, "não temos um Data at Rest (DAR) aplicativo de criptografia", ou custo ", que pretende comprar a solução DAR não depois de 1 de abril de 2019." POAMs deve incluir marcos; marcos deve descrever o que será realizado de horas extras para se preparar para a plena implementação do controle no futuro. O que vai o negócio fazer nesse ínterim para abordar o controle? Isso pode incluir, por exemplo, outras respostas de mitigação do uso de melhoria dos controles de segurança física, como uma força 24-7 guarda, a adição de um aço de porta para impedir a entrada para os principais servidores de computador ou melhorados e aplicáveis políticas que têm repercussões explícitas sobre o pessoal.

POAMs terá sempre uma data final definida. Normalmente, ela é ou no prazo de 90 dias, seis meses ou um ano de duração. Um ano deve ser a data máxima; No entanto, o negócio, como parte deste processo incipiente, pode solicitar uma extensão para o poam com base na data final "planejado"; RMF proporciona flexibilidades. Não tenha medo de exercer e utilizar POAMs conforme apropriado. (Veja Controle de Acesso (AC) para um modelo de exemplo).

Todas as Coisas Considerado

Como usar este livro?

Este livro é especificamente alinhados com os requisitos descritos em famílias de controle de segurança do NIST 800-171 e seus controles específicos que NIST tenha considerado vital para garantir CUI / CDI. Ele vai ajudar o negócio a seguir os requisitos e irá ajudá-los a dar uma resposta convincente ao governo.

Chegar em uma cibersegurança mind-set

O foco é fornecer a abordagem mental e conhecimento técnico do que o controle é (eo que não é). O primeiro parágrafo descreve uma resposta mínimo. Isto é o que é necessário para preparar uma resposta básica para um nível mínimo e aceitável de resposta. Principalmente, essas soluções exigem políticas ou documentos processuais que descrevem para o governo como a empresa irá garantir este controle serão atingidos; se apenas tentando obter através do processo de forma expedita, este número será suficiente para garantir uma aprovação.

Se houver um maior desejo de compreender o processo mais e demonstrar uma solução mais substancial, o parágrafo, resposta mais completa é projetado para fornecer mais profundidade. Destina-se a descrever mais completamente para o proprietário da empresa como mostrar melhor um entendimento para o governo federal a sua implementação das NIST 800-171.

Além disso, para esclarecimentos, o requisito de título Segurança básica é o que normalmente é descrito como o Controle comum para a família de controle. É melhor apenas para compreendê-lo é o principal controle para a família respectivo controle (ver a**FAMÍLIAS DE REQUISITOS NIST 800-171 SEGURANÇA**). Os requisitos de segurança derivadas pode ser considerado mais como requisitos suplementares e "mais granulares" para o controle de "pai". Dependendo dos tipos e tipos de dados armazenados, esses controles no mais clássico NIST 800-53 publicação pode incluir centenas de outros controles; O governo dos EUA, felizmente considerado apenas 110 controles conforme necessário.

FAMÍLIA
(AC) de controle de acesso
(AT) de sensibilização e formação
(UA) de Auditoria e Responsabilidade
(CM) Configuration Management
(IA) identificação e autenticação
(IV) Resposta a Incidentes

(MA) Manutenção
Integridade

FAMÍLIA
(MP) Proteção de mídia
(PS) Segurança Pessoal
(PP) protecção física
(RA) Risk Assessment
Avaliação (SA) Segurança
(SC) Sistema de Comunicação e Protecção
(SI) Sistema de Informação e

Adaptando-out Controles Possibilidades

A atualização de 2016 versão para NIST 800-171, revisão 1, fornece uma menos-que direção adequada sobre a questão de alfaiataria controle. Ele afirma na sua Apêndice E que existem três parâmetros principais para a remoção de um controlo de segurança (ou acessório de controlo) a partir de consideração e inclusão dentro do BOE NIST 800-171:

• O controle é exclusivamente Federal (ie, principalmente a responsabilidade do governo federal): O governo fornece diretamente o controle para a empresa. Enquanto possível, esperamos que este normalmente não ocorrer.

• O controle não está diretamente relacionada à proteção da confidencialidade das CUI / CDI: Isso também não se aplica uma vez que todos esses controles foram originalmente escolhido para proteger a confidencialidade de todas CUI / CDI. É por isso que este livro existe para explicar melhor como lidar com esses controles, que são na maioria das vezes tudo necessário.

• É esperado que o controle seja rotineiramente satisfeita por nonfederal Organizações (NFO) sem especificação: Em outras palavras, o controle é esperado para ser atendidas pelo NFO, ou seja, a empresa (você e sua equipe de TI.)

Adaptação é permitido e recomendado onde for apropriado. No âmbito da cibersegurança NIST, o conceito de alfaiataria-out de um controle é desejável sempre que seja tecnicamente ou operacionalmente não pode ser razoavelmente aplicado. Isto irá exigir uma certeza técnica que o controlo é não aplicável (N / A). Sob esta oportunidade, se a arquitetura de TI da empresa não contém dentro de seu limite de segurança da tecnologia, onde seria necessária tal controle a ser aplicado, em seguida, o controle é identificado como N / A.

Por exemplo, onde o negócio não tem rede Wi-Fi em seu limite de segurança, ele pode aconselhar o governo de que quaisquer controlos que endereçam a segurança das redes Wi-Fi seria uma N / A controle. O negócio não pode nem tem razão para implementar esses controles de segurança, pois atualmente não permite redes Wi-Fi ou qualquer presença de tais equipamentos como roteadores Wi-Fi, antenas, etc. O controle seria marcado como compatível e anotados como N / a no momento da auto-avaliação. Ele ainda seria necessário para identificar que o Wi-Fi não está actualmente autorizada na guia ou política procedimento de segurança cibernética da empresa para documentar adequadamente a sua ausência como sugeriu abordagem de melhores práticas para o BOE submetido.

A seguir segurança Wi-fi controla mais provável pode ser adaptado-out específico para infra-estrutura de TI existente da empresa se não há redes Wi-Fi ou dispositivos.

3.1.16 Autorizar o acesso sem fios antes de permitir que tais ligações.
3.1.17 Proteger o acesso sem fio usando autenticação e criptografia.

Controle de acesso (AC)
O mais técnica, complexa e vital

Controle de Acesso (AC) é provavelmente a família de controle de segurança mais técnica e mais vital no processo de cibersegurança. Ele é projetado para concentrar o pessoal de suporte de computador, por administradores de sistema (SA), ou equipe de TI semelhante, nas proteções de dados críticos de segurança técnica. Isto incluirá qualquer CUI / CDI e dados confidenciais internos mantidos pela infra-estrutura de TI da empresa e mantidos pela empresa como parte de fazer negócios com o governo. Se fazer investimentos em atualizações de infra-estrutura de segurança cibernética, o controle AC irá proporcionar o maior retorno sobre o investimento.

Além disso, é importante confirmar se quer uma solução técnica não estiver incorporado no sistema de TI atual. Muitas vezes, os controles são ignorados, capturado pela política, ou um poam é desenvolvido, apesar de algumas capacidades de base para abordar o controle já residem no sistema de base ou, mais particularmente dentro do sistema operacional de rede (OS). Além disso, verificar para aplicações de acessórios fornecidos pelo fabricante OS para determinar se uma solução sem custo já é residente. Pergunte ao pessoal de TI para confirmar se existe uma solução técnica existente como parte do sistema para evitar gastar dólares adicionais para as capacidades já existentes.

Onde o custo é actualmente proibitivo para implementar, uma poam é uma solução aceitável, mas temporária. Se não for possível resolver o controle durante o esforço "auto-avaliação" da empresa, em seguida, ser preparado para formular um Plano de Ação e Milestone (poam). (Escrever um poam eficaz é um suplemento atual para este livro para ser lançado em Amazon®).

NIST 800-171 Agile Plan of Action & Milestones ®

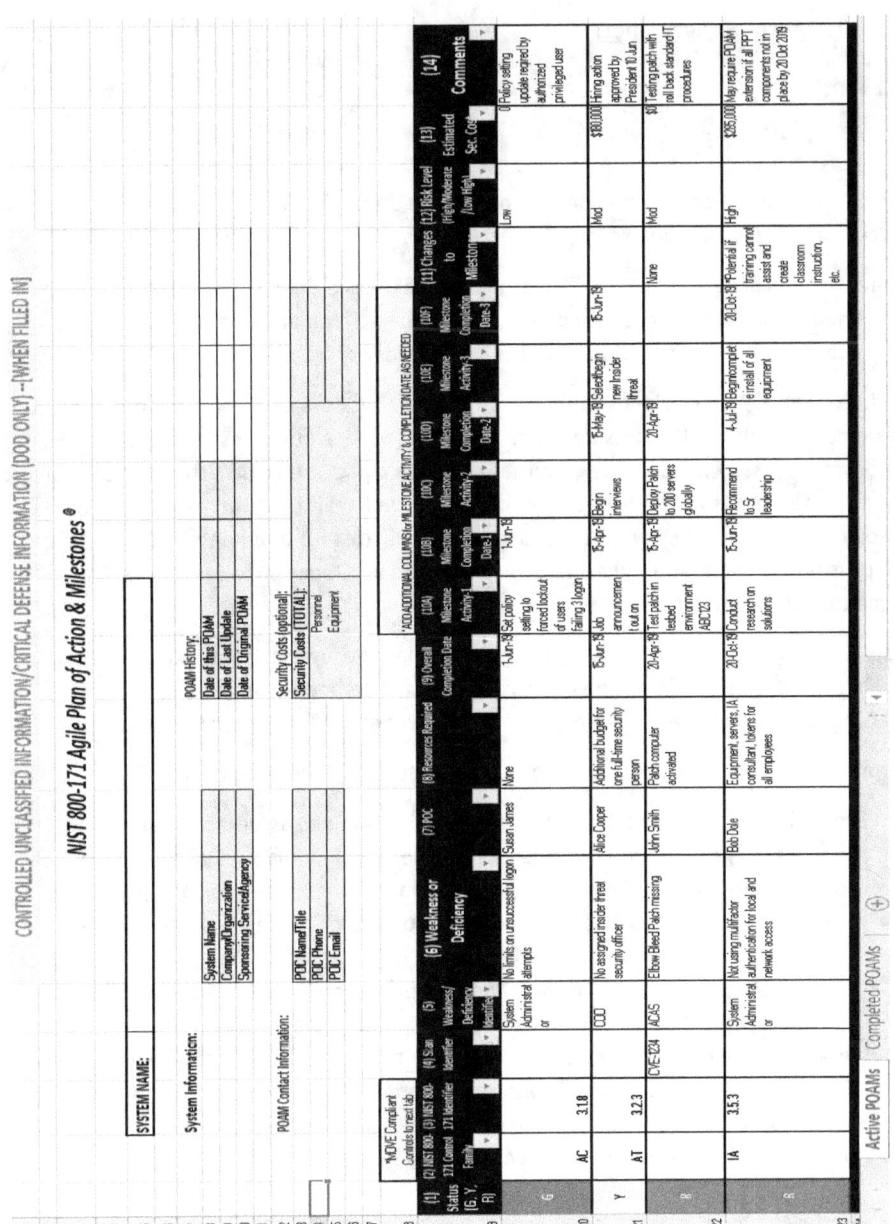

SYSTEM NAME:

System Information:

System Name	
Company/Organization	
Sponsoring Service/Agency	

POAM History:

Date of this POAM	
Date of Last Update	
Date of Original POAM	

POAM Contact Information:

POC Name/Title	
POC Phone	
POC Email	

Security Costs (optional):

Security Costs [TOTAL]:	
Personnel	
Equipment	

NON-Compliant Controls to next tab

ADD ADDITIONAL COLUMNS for MILESTONE ACTIVITY & COMPLETION DATE AS NEEDED

[1] Status [G, Y, R]	[2] NIST 800-171 Family	[3] NIST 800-171 Identifier	[4] Scan Identifier	[5] Weakness/ Deficiency Identified	[6] Weakness or Deficiency	[7] POC	[8] Resources Required	[9] Overall Completion Date	[10A] Milestone Activity 1	[10B] Milestone Completion Date-1	[10C] Milestone Activity 2	[10D] Milestone Completion Date-2	[10E] Milestone Activity 3	[10F] Milestone Completion Date-3	[11] Changes to Milestone	[12] Risk Level [Low/Moderate /High]	[13] Estimated Sec. Cost	[14] Comments
G	AC	3.1.8		System Administrator	No limits on unsuccessful logon attempts	Susan James	None	1-Jun-18	Set policy setting to forced lockout of users failing 3 logon attempts	1-Jun-18						Low	0	Policy setting update required by authorized privileged user
Y	AT	3.2.3		CDO	No assigned insider threat security officer	Alice Cooper	Additional budget for one full-time security person	15-Jun-18	Job announcement out on	15-Apr-18	Begin interviews	15-May-18	Select/begin new insider threat	15-Jun-18	Mod	$80,000	Hiring action approved by President 10 Jun
R	AT	CVE-1234	ACAS	Elbow Bleed Patch missing	John Smith	Patch computer activated	20-Apr-18	Test patch in testbed environment ABC123	20-Apr-18	Deploy Patch to 200 servers globally	20-Apr-18	Begin install of all equipment	15-Jun-18	None	Mod	$0	Testing patch with roll back standard IT procedures
R	IA	3.5.3		System Administrator	Not using multifactor authentication for local and network access	Bob Dole	Equipment, servers, IA consultant, tokens for all employees	20-Oct-18	Conduct research on solutions	20-Oct-18	Recommend to Sr leadership	15-Jun-18	Begin/complete install of all equipment	20-Oct-18	Potential if training cannot assist and create classroom institution, etc.	High	$265,000	May require POAM extension if all PPT components not in place by 20 Oct 2019

Active POAMs   Completed POAMs   +

Template poam Amostra

Requisitos Básicos de Segurança:

3.1.1 Limitar o acesso sistema de informação para usuários autorizados, processos agindo em nome de usuários autorizados ou dispositivos (incluindo outros sistemas de informação).
RESPOSTA mínima: Morada este controle na política de negócios documento / processual. (Ver o procedimento exemplo abaixo).

Ele deve identificar os tipos de usuários e qual o nível de acesso que eles estão autorizados. Normalmente, existem usuários em geral que têm acesso regular diária para os dados do sistema corporativo, e os usuários elevados / privilegiados.

usuários elevados / privilegiados são normalmente limitados a, por exemplo, administradores de sistema (SA), administradores de banco de dados (DBA), e outro pessoal designado Help Desk pessoal de suporte de TI que gerenciam o cuidado back-office do sistema; esses usuários geralmente têm acesso root. acesso root fornece o que é mais tipicamente descrita como acesso de super-usuário. Estes indivíduos devem ser rastreados altamente e regularmente. Essas pessoas precisam ser regularmente avaliadas ou auditadas por altos funcionários designados corporativos.

Resposta mais completa: Isso deve incluir capturas de tela que mostram uma amostra de funcionários e seus tipos e tipos de direitos de acesso. Isto poderia incluir a sua leitura, gravação, editar, apagar, etc., direitos normalmente controladas por um SA atribuído.

Nós fornecemos um exemplo de um procedimento sugerido para este controle:

> Procedimento de exemplo: A empresa definiu dois tipos de usuários autorizados. Há usuários em geral, aqueles que necessitam de acesso diária normal aos recursos da empresa automatizada e usuários privilegiados, os trabalhadores com privilégios elevados necessários para conduzir o cuidado de back-office e manutenção regulares de ativos corporativos e sistemas de Tecnologia da Informação (TI). Acesso a [exemplo] da empresa sistemas de recursos humanos financeira, ordenação e será restrito aos usuários em geral com a necessidade, com base em suas funções, ter acesso a esses sistemas. supervisores imediatos irá validar a sua necessidade e aconselhar o Help Desk de TI para emitir credenciais de acesso apropriado [identificação de login e senha] depois de completar "Treinamento de Conscientização de Segurança Cibernética." As credenciais do usuário não será compartilhado e ... ".

3.1.2 Limitar o acesso sistema de informação para os tipos de transações e funções que os usuários autorizados têm permissão para executar.
RESPOSTA mínima: Morada este controle na política de negócios documento / processual. Ele deve identificar os tipos de transações e qual o nível é permitido para usuários autorizados.

usuários elevadas ou privilegiados têm acesso ao back-office manutenção e cuidados com a rede, tais como a criação de contas, manutenção de banco de dados, etc .; usuários privilegiados também podem ter acesso geral, mas diferentes logins e senhas deverão separar os seus privilégios para fins de auditoria.

Resposta mais completa: Isso poderia incluir uma captura de tela que mostra uma amostra de funcionários e seus tipos e tipos de direitos. Isso pode incluir a sua leitura, gravação, editar, apagar, etc., direitos normalmente controladas por atribuído SA. A SA deve ser capaz de fornecer as impressões em papel para a inclusão no pacote de apresentação final ao escritório contrato ou o seu destinatário designado.

Derivados Requisitos (Suplementar) de segurança:

3.1.3 Controlar o fluxo de CUI fluindo as autorizações aprovadas.

MÍNIMOS RESPOSTA: As empresas normalmente usam políticas e tecnologias de controle de fluxo para gerenciar o movimento de CUI / CDI em toda a arquitetura de TI; controle de fluxo baseia-se nos tipos de informação.

Em termos de alterações processuais, a discussão dos documentos corporativos devem abordar várias áreas de preocupação: o pessoal 1) Isso só autorizados dentro da empresa com o acesso são fornecidos necessidade de saber requisito; 2) medidas de segurança apropriadas são em lugar de incluir a encriptação de dados, enquanto estiver em trânsito (DIT); 3) quais são os procedimentos para lidar com funcionários internos que violarem estas regras da empresa ?; e, 4) como a empresa alertar o governo federal se não houver acesso externo (hackers) para sua infra-estrutura de TI e sua CUI / CDI?

Resposta mais completa: Abordar este controle pode ainda ser demonstrada através da implementação de formação (Veja a consciência e controle de treinamento (AT)) como uma forma de mitigação; mitigação são outros esforços de apoio, não apenas técnicos, que podem reduzir os efeitos se uma ameaça explora este controle. A empresa também poderia incluir o risco de ameaças internas (Veja Controle 3.2.3 para discussão de "ameaça interna".) Por exigir que os funcionários para completar não-divulgação (NDA) e-não competir acordos (ANC). Estas medidas adicionais reduzir ou mitigar o risco para a infraestrutura de TI. Eles também devem abordar os funcionários que partem, renuncie, ou são extintas pela empresa; a consideração é para funcionários descontentes que podem partem a empresa com CUI / CDI potencialmente sensíveis.

controle de fluxo também poderia ser melhor mostrado a um assessor do governo federal em termos de uma solução técnica. Isto poderia ser ainda demonstrada utilizando a criptografia para DIT e dados em repouso (DAR). Estes requisitos de criptografia dentro NIST 800-171 tornem indispensável diferentes soluções técnicas e Normas Federais de Processamento de Informações (FIPS) 140-2 cumprimento; ver Controlo 3.13.11 para mais detalhe.

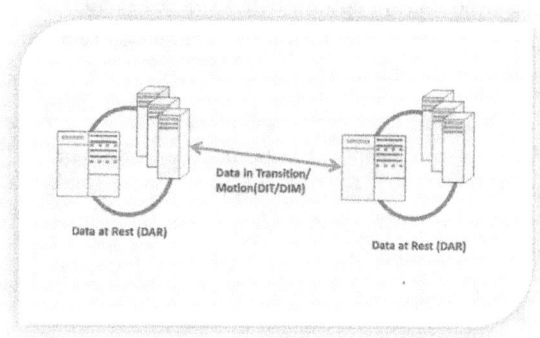

Dados em repouso (DAR) versus os dados em Trânsito / Movimento (DIT / DIM) Diagrama conceptual

A resposta poderia também incluir comentários semanais de logs de acesso. Normalmente, o suporte de TI pessoal ou do SA iria realizar auditorias recorrente. Se forem detectadas anomalias, o que é o procedimento para alertar a gerência sênior para o pessoal que tentam acesso a CUI / CDI e outros dados sensíveis? Isto oferece uma maior demonstração de medidas de segurança da empresa para representantes do governo.

3.1.4 Separaram-se as funções de indivíduos para reduzir o risco de actividade malévolo sem colusão.

RESPOSTA mínima: Isto deve ser descrito no documento processual cibersegurança corporativa e deve identificar as funções e responsabilidades de como supervisão será executado. Quando isso é difícil, com base no pessoal de tamanho e de TI limitado, uma poam é altamente recomendado.

O poam deve sugerir outras formas utilizadas para mitigar esse risco e, potencialmente, olhar para os meios humanos e automatizados para melhor enfrentar no futuro.

Resposta mais completa: Os indivíduos devem ser atribuídos em escrita e suas funções e responsabilidades. Isso também poderia incluir os limiares de notificação das actividades não autorizadas e que é alertado ameaças internas; isso seria melhor fornecer uma solução mais definido. Ele também poderia enfrentar os desafios de Recursos Humanos (RH) quando ocorrem tais incidentes e fornecer um meio de ação contra violadores da política corporativa.

3.1.5 empregar o princípio do menor privilégio, inclusive para funções específicas de segurança e contas privilegiadas.

RESPOSTA MÍNIMO: O princípio do menor privilégio é um importante princípio de segurança cibernética. O conceito do menor privilégio é sobre permitindo o acesso apenas autorizado para usuários e processos que eles têm responsabilidade direta. Ele é limitado a apenas um nível necessário de acesso para realizar tarefas para as funções específicas de negócios. Isto deve ser descrito no documento de política de segurança cibernética corporativa. Isso também deve ser parte de acordos básicos do usuário para incluir o que é descrito na terminologia do governo uma Política de Utilização Aceitável (AUP).

Resposta mais completa: Muito parecido com os controles descritos acima, uma amostragem de impressos dos trabalhadores ou capturas de tela poderia mostrar selecionado e autorizado direitos individuais. A amostragem, especialmente de usuários privilegiados, e as suas funções atribuídas dentro de infra-estrutura de TI da empresa seria um alvo de potenciais avaliadores do governo de terceiros. Isto seria usado pelos assessores para apoiar o desenvolvimento de NIST 800-171 processo de certificação.

3.1.6 Usar contas não privilegiadas ou funções ao acessar funções nonsecurity.

RESPOSTA MÍNIMO: O melhor é sempre o primeiro responder a controles de uma política ou uma solução processual. Essencialmente, isso está impedindo "usuários em geral" de aceder a infra-estrutura corporativa e criação de contas, eliminar bases de dados, ou elevar seus privilégios para ter acesso a ambos os CDI e sensíveis dados CUI / corporativos. Este é sobre o fornecimento a menor quantidade de acesso e privilégios com base nas funções atribuídas. As empresas vão ver o controle abaixo que determina uma separação não só de deveres, mas o acesso também com base na posição e um know need-to-clear.

Resposta mais completa: A resposta mais-completo poderia ser através de soluções automatizadas que monitoram o acesso de outras funções de segurança, como redefinições de senha, relato da criação, etc. Isto poderia incluir o registo e revisão de todo o acesso do sistema. Poderia também incluir ferramentas automatizadas que restringem o acesso com base em direitos de um usuário. Estas definições técnicas dentro da ferramenta são estabelecidos pela política da empresa e monitorados, por exemplo, o local, SA.

3.1.7 Impedir que os usuários não-privilegiados de execução de funções privilegiadas e auditar a execução de tais funções.

RESPOSTA mínima: Há muitas semelhanças aparentes dos controles, e que foi originalmente concebido para NIST 800-171 por um motivo. controles de segurança devem ser de reforço, e esse controle é apenas um pouco diferente em seu escopo do que outros descrita anteriormente.

Controlo 3.1.6, é semelhante está a reforçar este controlo, bem como outros. guia de procedimento da empresa pode explicitamente "reescrever" a descrição de controle original: "Impedir que os usuários não-privilegiados de executar funções privilegiadas …". Um exemplo procedimento write-up com base na descrição de controle original é fornecido:

> Procedimento de exemplo: Os usuários não-privilegiados são proibidos de executar quaisquer funções privilegiadas ou auditorias de sistema sem a autorização do Diretor da empresa operacional, Chief Information Security Officer, ou o seu representante designado. Todos os pedidos serão apresentadas por escrito com o seu supervisor de primeira linha validar a necessidade de tal acesso por um tempo limitado e especificado.

Além disso, este procedimento limita de ordem superior (privilegiados) funções como criar contas para outros, a exclusão de arquivos de banco de dados, etc. Também exige a auditoria de todas as funções privilegiadas. Sugere-se que o atribuído SA, pelo menos revisão semanal e relatar as inconsistências de não-privilegiados usuários / gerais que tentam (e, espero que não) para acessar partes da infra-estrutura interna.

Resposta mais completa: Uma representação mais completa seria a fornecer cópias de registros de auditoria que incluem quem, quando, e quais foram os resultados de uma avaliação de auditoria; estes artefactos deve demonstrar que a empresa está a seguir os seus procedimentos de segurança virtual internos.

Observação sobre "Frequência": Muitos dos controles não definir quantas vezes uma empresa deve realizar uma revisão, a reavaliação, etc. O proprietário da empresa é oferecida a oportunidade de "definir o sucesso" ao Diretor de Contrato do governo ou assessor de cibersegurança. A consideração importante é que o negócio determina a freqüência das revisões, em geral, com base na sensibilidade percebida ou real dos dados. Este livro irá normalmente fornecem o padrão de frequência governo mais rigorosas, mas nada impede que uma empresa de realizar com menos frequência Comentários se ele pode ser fundamentada.

"Definir o seu próprio sucesso"

3.1.8 limite de tentativas mal sucedidas de início de sessão.

RESPOSTA mínima: política padrão governo é depois de três falhou logins o sistema irá bloquear automaticamente o individual. Sugerir este deve ser não mais do que cinco não logins especialmente se os funcionários não são habilidosas computador. Isso requer tanto a solução técnica pelo sistema de TI corporativa e descrito no guia de procedimento corporativo.

Resposta mais completa: Por exemplo, a capacidade adicional para fornecer uma captura de tela que fornece um artefato mostrando o que acontece quando um funcionário atinge o número máximo de logons iria encontrar esse controle; isso pode ser acrescentado ao pacote de submissão. Também é importante documentar procedimentos para incluir o processo para recuperar o acesso à rede.

3.1.9 Fornecer avisos de privacidade e de segurança consistentes com as regras da CUI aplicáveis.

RESPOSTA mínima: De seguida, é uma versão atual de uma bandeira de advertência concebido para fins da empresa. Deve ser ou fisicamente publicado em ou perto de cada terminal ou no início de sessão no ecrã (preferido); isso também deve incluir sempre o consentimento para monitoramento. Recomendamos consultar com um representante legal para aprovação final e disseminação para os funcionários.

[Empresa] bandeira de advertência

A utilização deste ou de qualquer outro sistema de computador [nome da empresa] constitui consentimento para monitoramento em todos os momentos.

Este é um sistema de computador [nome da empresa]. Todos [nome da empresa] sistemas de computadores e equipamentos relacionados são destinados para a comunicação, transmissão, processamento e armazenamento de informações oficiais ou outro autorizado. Todos [nome da empresa] sistemas de computador estão sujeitas a monitoramento em todos os momentos para garantir o bom funcionamento dos equipamentos e sistemas incluindo dispositivos e sistemas de segurança, para evitar o uso e as violações dos estatutos e regulamentos de segurança não autorizado, para deter a atividade criminosa, e para outros fins semelhantes . Qualquer usuário de um [nome da empresa] sistema de computador deve estar ciente de que qualquer informação colocada no sistema é objecto de acompanhamento e não está sujeita a qualquer expectativa de privacidade.

Se o monitoramento deste ou de qualquer outro sistema de computador [nome da empresa] revelar possíveis evidências da violação dos estatutos criminais, esta evidência e qualquer outra informação, incluindo informações de identificação sobre o usuário, podem ser fornecidos às autoridades policiais. Se o monitoramento deste ou de qualquer outros sistemas de computador [nome da empresa] revela violações dos regulamentos de segurança ou uso não autorizado, os funcionários que violarem os regulamentos de segurança ou fazer uso não autorizado de [nome da empresa] sistemas de computadores estão sujeitos a ação disciplinar apropriada.

A utilização deste ou de qualquer outro [Nome da empresa] sistema informático constitui consentimento para monitoramento em todos os momentos.

Resposta mais completa: Outra consideração deve ser esta política também ser coordenada com Recursos Humanos (RH). Isto poderia incluir ainda a que todos os empregados assinar uma cópia do presente aviso, e é colocado em seu arquivo oficial. Selecione e cópias redigidos poderia ser usado para demonstrar uma adesão activa a esta exigência como uma amostragem previstos para o governo. Ele também poderia descrever como a empresa pode tomar medidas contra pessoas que não conseguem ou violem este aviso.

3.1.10. Utilize o bloqueio de sessão com padrão de esconderijos exibe para impedir o acesso / visualização de dados após um período de inatividade.

RESPOSTA mínima: Enquanto isto pode aparecer como apenas uma solução técnica, ele também deve ser identificado na política da empresa ou documento de procedimento. bloqueio sessão descreve o período de inatividade, quando um terminal de computador irá bloquear automaticamente o usuário. Sugerir não mais de 10 minutos para um bloqueio de computador. A seleção é mais aceitável com base em vários fatores, como o tipo de trabalho realizado (por exemplo, o pessoal de finanças) ou ao nível do negócio de segurança física (por exemplo, uma área restrita com um número limitado de funcionários autorizados) é aceitável. No entanto, estar preparado para defender o equilíbrio entre a necessidade da empresa para atender às exigências da missão do governo e os riscos de tempos limite de bloqueio sessão excessivos.

Secundariamente, Padrão Hiding é desejada para evitar que o conceito de "surfing ombro." Outros termos semelhantes que são sinônimo incluem mascaramento e ofuscação.

esconderijo padrão é projetado para impedir um indivíduo de observar um empregado digitando sua senha ou número de identificação pessoal (PIN). Este controle poderia incluir asteriscos (*), por exemplo, que mascaram a informação verdadeira. Isso evita que insiders ou mesmo visitantes de "roubar" as credenciais de login de outro usuário.

Senha sem padrão Hiding: PA $$ w0rd

Senha com Pattern Hiding: ********

Hiding Pattern

Resposta mais completa: A melhor solução pode incluir períodos muito mais curtos para um limite de tempo, e maior comprimento de palavra-passe e de complexidade; o padrão é, pelo menos, 15 alfa-numérica e caracteres especiais.

- Alpha: abcde ....
- Numérico: 12345 ...
- Caracteres especiais: @ # $% ....

(Veja Controle de 3.13.10 para uma discussão mais aprofundada de autenticação multifator (MFA) e autenticação de dois fatores (2FA)).

Como um lembrete em curso, que é crítico para colocar artefactos que descrevem a solução técnica demonstrada, por exemplo, utilizando a captura de tela. Deve ser claro e facilmente rastreáveis a implementação deste controle por um representante de auditoria ou assessor.

3.1.11. Terminar (automaticamente) uma sessão do usuário após uma condição definida.

RESPOSTA MÍNIMO: A solução mais simples é um cenário que a SA ou outro pessoal de TI designados, define dentro de aplicativos operacionais e de gestão da rede. Tipicamente, a maioria dos sistemas operativos de rede pode ser configurado para aplicar um terminal de / bloqueio completo. Esta implementação de controle registra completamente fora o usuário e termina sessões de quaisquer comunicação para incluir, por exemplo, o acesso a bancos de dados corporativos, sistemas financeiros, ou a Internet. Ele exige que os funcionários re-iniciar conexões de sessão para a rede após este Sair sessão mais-complete ocorre.

Resposta mais completa: A resposta completa pode incluir capturas de tela de configurações de política para terminações sessão e tempos limite. A SA ou representante da empresa designada deve ser capaz de fornecer como um artefato.

3.1.12 Monitorar e controlar sessões de acesso remoto.

RESPOSTA mínima: Este controle é sobre o acesso remoto onde um computador pode controlar outro computador através da Internet. Isso pode incluir pessoal de suporte de desktop "remoting para" computador de um funcionário para atualizar a versão mais recente do Firefox ® ou um empregado trabalhar em casa entrada de dados financeiros no sistema de finanças corporativas. Identificar esses tipos de acesso como parte do guia de procedimentos e descrever quem está autorizado, como o seu acesso é limitado (como um empregado finanças não pode emitir-se uma verificação corporativa), e as repercussões de violar a política.

MAIS resposta completa: A melhor abordagem tecnológica poderia incluir restrições a única TI ajudar o pessoal usando recursos remotos. A política da empresa deve exigir uma revisão regular de eventos auditáveis e logs. A captura de tela seria útil para mostrar as definições de política específicas para o aplicativo de desktop remoto.

3.1.13 Empregar mecanismos criptográficos para proteger a confidencialidade das sessões de acesso remoto.

RESPOSTA mínima: Esta é uma dados em trânsito (DIT) questão. Verifique se o procedimento requer solução da empresa só utiliza aprovado soluções criptográficas. o**Advanced Encryption Standard**(AES) é considerado o padrão atual para criptografia dentro do governo federal. Além disso, use as versões comprimento de chave de 256 kilobytes (KB).

Há muitas soluções comerciais nesta área. Grandes empresas de software fornecem soluções que garantam DIT e normalmente são a preços razoáveis para as opções de pequenas empresas como Symantec ®, McAfee ® e Microsoft®.

--- *Novamente, documento, documentos, documento*

Resposta mais completa: (Veja Controle 3.1.3 para uma representação mais detalhada). É geralmente uma capacidade directamente oferecida pelos fornecedores de ferramentas aplicativo de acesso remoto. A questão mais crítica dentro do governo é se a empresa ferramenta de aplicação assegura a aplicação é proveniente de um desenvolvedor de software com sede nos EUA.

Existem muitos desenvolvedores no exterior, por exemplo, incluir a Rússia, países do antigo Pacto de Varsóvia, e China, que são motivo de preocupação para o governo dos EUA. A apreensão é sobre produtos comerciais a partir destas nações e sua ameaça potencial para a segurança nacional dos EUA. O negócio deve confirmar o produto é proveniente de um aliado atual dos EUA; estas incluem o Reino Unido, Austrália, etc. Antes de comprar, certifique-se de ter feito sua lição de casa, e prova o software de acesso remoto é aceito pelo governo federal.

3.1.14 rota de acesso remoto através de pontos de controle de acesso gerenciados.

RESPOSTA mínima: Managed pontos de controle de acesso são sobre o controle de tráfego através de conexões "confiáveis". Por exemplo, este poderia ser Verizon ® ou AT & T® como provedor de serviços de Internet da empresa (ISP). Seria altamente recomendado para incluir quaisquer serviços contratados ou Acordos de Nível de Serviço (SLA) a partir desses fornecedores. Eles podem incluir serviços de ameaças e de filtragem de spam adicionais que poderiam reduzir os "maus" de acesso a dados corporativos; estes são artefatos ideais para a prova de forma satisfatória responder a este controle.

Resposta mais completa: Outra adição também poderia estar usando o que é chamado de uma Rede Privada Virtual (VPN). Estes são também os serviços comuns os principais fornecedores têm para custos adicionais.

Descrevendo e fornecendo tais acordos também pode identificar uma defesa na abordagem profundidade; o primeiro nível é através do serviço de VPN, eo segundo seria fornecido pelo software de acesso remoto fornecendo uma camada adicional de defesa. Defesa em profundidade pode incluir tais esforços de proteção para evitar o acesso não autorizado aos ativos de TI da empresa:

- proteção física (por exemplo, alarmes, guardas)
- Perímetro (por exemplo, firewalls, Intrusion Detection System (IDS), "Trusted Internet Connections")
- Aplicação / executáveis (por exemplo, whitelisting de software autorizado, lista negra bloqueando programas especificados)
- Dados (por exemplo, os programas de proteção contra perda de dados, controles de acesso, auditoria)

3.1.15 Autorizar a execução remota de comandos privilegiados e acesso remoto a informações de segurança relevantes.

RESPOSTA mínima: NIST 800-53 é o documento base para todos os controles de NIST 800-171. Ele descreve o que as empresas devem gerenciar e autorizar o acesso privilegiado a informações de segurança relevantes (por exemplo, informações financeiras, IP, etc.), e utilizando o acesso remoto apenas para "necessidades operacionais atraentes."

Isto especificamente ser documentados nas restrições a quem e em que circunstâncias as informações de segurança relevantes podem ser acessados por pessoal da empresa. O controle de base NIST requer o negócio aos documentos a justificativa para esse acesso no Plano de Sistema de Segurança (SSP); a interpretação é que a política de segurança cibernética corporativa deve ser um anexo ou apêndice do SSP. (Veja System Security Plan (SSP) Modelo e pasta de trabalho: um suplemento para Compreender sua responsabilidade Conheça NIST 800-171 em Amazon®)

Resposta mais completa: O artefato ideal sugerido são os logs de acesso remoto dentro e fora da empresa. Isso também poderia ser encontrado nos logs de auditoria firewall, bem como os logs de aplicativos de software de acesso remoto para comparação; estes também podem ser usados para identificar modificações de registo que pode ser um indicador da ameaça interna. (Veja Controle 3.2.3 para uma discussão mais aprofundada desta área de tópico).

3.1.16 autorizar o acesso sem fios antes de permitir que tais ligações.

RESPOSTA mínima: Isto incluiria acordos de acesso sem fio e mais comumente descritos anteriormente é uma Política de Utilização Aceitável (AUP). Por exemplo, um AUP incluiria a definição dos tipos e tipos de sites restritos do acesso de funcionários. Estes são tipicamente jogos de azar, sites de pornografia, etc. AUP de deve ser revisado por um advogado antes de exigir que os funcionários a assinar.

Resposta mais completa: A solução técnica mais-completo pode identificar locais não aprovados e impedir o acesso "guest". (Enquanto o acesso de convidado não é recomendado, é melhor para estabelecer uma rede Wi-Fi secundário para acomodar e restringir os visitantes e pessoal de terceiros de ter acesso directo à rede da empresa.)

Também é importante que a topologia da rede de Wi-Fi e padrão de criptografia ser fornecida como um artefato ao governo uma vez que o pacote final está pronta para a apresentação. Isso deve ser parte da SSP e do documento de procedimento cibersegurança corporativa.

3.1.17 Proteja o acesso sem fio usando autenticação e criptografia.

RESPOSTA MÍNIMO: Certifique-se este está incluído no procedimento corporativo ou política que somente pessoas autorizadas dentro da empresa para ter acesso e que o nível adequado de criptografia está no lugar. Atualmente, o padrão 802.11 é usado e Wi-Fi Protected Access 2 (WPA2) criptografia deve ser o padrão mínimo.

Resposta mais completa: o uso de Wi-Fi "sniffing tecnologia", enquanto disponível pode ser proibitivamente caro para as pequenas empresas. Esta tecnologia pode identificar e auditar a entrada não autorizada para a parte sem fios da rede e, posteriormente, fornece acesso à rede da empresa "física". Sniffers pode ser usado para notificar o pessoal de segurança, quer através de e-mail ou serviço de mensagens curtas (SMS) -text alertas de tais intrusões; Se os dados da empresa é altamente sensível, então este investimento pode ser necessária. Além disso, manter toda a documentação sobre o "sniffer" e as suas capacidades; fornecê-lo a representantes do governo como parte da submissão oficial.

3.1.18. conexão de controle de dispositivos móveis.

RESPOSTA mínima: dispositivos móveis maioria das empresas são os seus telefones celulares. Isto também inclui laptops e computadores "almofadas" com capacidades web-enabled. Isto primeira exigem como uma questão de política de que os funcionários só usam conexões seguras para seus dispositivos quando não estiver usando provedor de estes serviços da empresa deve ser verificado como seguro. Isso também bar especificamente os funcionários usam de hot spots Wi-fi inseguros tais como restaurantes de fast food, cafés, etc. Início redes Wi-Fi são tipicamente seguro, mas garantir que os funcionários sabem para selecionar WPA2 como seu padrão em casa protocolo de conexão segura .

Resposta mais completa: A melhor maneira de demonstrar esse controle é por discutir com o provedor de telefone celular a capacidade de impedir telefones corporativos de usar redes Wi-Fi não seguros a qualquer momento. O fornecedor deve ser capaz de bloquear o acesso se o telemóvel não "ver" ou reconhecer uma conexão segura. Incluir qualquer prova de acordos de tal disposição como parte do BOE submetido serviço.

3.1.19. CUI Criptografar em dispositivos móveis.

RESPOSTA MÍNIMO: A boa notícia é que todas as principais operadoras fornecer criptografia DAR. Os telefones móveis normalmente pode garantir DAR no telefone atrás de uma senha, PIN, ou capacidade, mesmo biométricos, como impressões digitais ou reconhecimento facial; estes são aceitáveis pelos padrões do governo. Verifique acordos de serviço ou adicionar plano existente da empresa.

Resposta mais completa: Existem várias empresas que fornecem dispositivos proprietários e endurecidos para usuários corporativos. Estes incluem estado dos padrões de criptografia de arte e mais endurecido corpos de telefone para evitar exploits físicos de dispositivos móveis perdidos ou roubados. Esperar que essas soluções a ser muito caro.

3.1.20 Verificar e ligações de controlo / limite e a utilização de sistemas externos.

RESPOSTA mínima: Este controle requer que todas as conexões de partido terceiro externo ou a rede da empresa ser verificada. Isso normalmente assume a forma de aceitar outra empresa (ou mesmo agências federais) autorização para operar (ATO). Isso pode ser tão simples como um memorando, por exemplo, o reconhecimento de auto-avaliação de outra empresa sob NIST 800-171. Também poderia ser aceita por meio de um processo conhecido como reciprocidade, de aceitar um ATO baseada em NIST 800-53, mais típico de agências federais. Estes são todos os meios legítimos que são projetados para garantir antes de uma empresa permite que outra empresa para entrar através do seu firewall (limite de segurança do sistema) sem algum nível de certeza de que a segurança foi totalmente considerada. Antes de um sistema externo ou de rede é permitido o acesso irrestrito aos dados das corporações,

Como sempre, assegurar procedimentos de identificação e limite, essas conexões para apenas dados críticos alimenta necessários a partir de terceiros para realizar operações de negócios formais.

Resposta mais completa: Isso pode incluir um pedido de varreduras em curso do sistema externo e / ou rede a cada 30 dias; isso seria considerado bastante extremo, mas dependente da sensibilidade dos dados. Se procurado, sugerem que todos os seis meses que a empresa recebe cópias do anti-vírus, anti-malware e relatórios de verificação de patch de vulnerabilidade para identificar ameaças atuais para o sistema externo. Isto é projetado para lidar com ameaças de entrada potencialmente e aumentar a postura geral de segurança da empresa

uso 3.1.21 Limite de dispositivos portáteis de armazenamento organizacionais em sistemas externos.

RESPOSTA mínima: Este não é apenas sobre o uso de pen drives USB (ver Capítulo sobre a protecção de mídia (MP)), é também sobre discos externos ligados a uma estação de trabalho ou laptop, localmente. Enquanto pen drives são mais capazes de introduzir malware e vírus a uma rede desprotegida, unidades externas representam uma ameaça real para a remoção de dados e roubo. A política da empresa deve incluir um processo de aprovação para "anexar" única empresa forneceu unidades e altamente desencorajar dispositivos pessoais anexados pelos funcionários. O apoio técnico deve incluir a exploração ativa de vírus e malwares cada vez que o dispositivo portátil está ligado à rede.

Resposta mais completa: Como discutido em mais detalhes abaixo sobre o uso de pen drives, o pessoal de TI pode desativar qualquer um de usar o registro. Onde a necessidade de unidades externas é necessária, esse controle pode ser melhorada por meio de auditoria de todos esses anexos e fornecer relatórios pré-formatados para a liderança da empresa. Auditoria, conforme descrito sob o controlo UA, deve incluir a captura de esta actividade.

3.1.22 Controle CUI publicado ou processado em sistemas acessíveis publicamente.

RESPOSTA MÍNIMO: Este aborda o controle de informações acessíveis publicamente mais comumente no site voltado para o público da empresa. É preciso haver orientação processual e direção sobre quem pode liberar (escritório de assuntos geralmente públicas, etc.) e postar informações (geralmente webmaster, etc.) para o site. Isto deve incluir uma revisão desses dados por pessoal especificamente treinado para reconhecer dados CUI / CDI. Isso pode incluir informações ou dados que discute o relacionamento de negócio atual da empresa com o governo, as atividades que realiza, e os produtos e serviços que fornece tanto para o sector público e privado.

Isso também deve abordar a revisão regular de dados publicamente acessíveis, e o procedimento para descrever o processo para remover dados não autorizadas, se descoberto.

Resposta mais completa: Este poderia usar scans automatizados de palavras-chave e frases que podem alertar o pessoal de auditoria durante as suas actividades de auditoria regulares. Veja o capítulo Controle de Auditoria (AU). Enquanto este é um meio estático para alertar o pessoal de TI não treinados, que poderia complementar que a liberação inadvertida não ocorre. supervisão adicional deve ser sempre baseada na sensibilidade das informações tratadas não só incluem

CUI / CDI, mas Propriedade Intelectual (IP) ou outros dados sensíveis, etc., que podem prejudicar a empresa caso de libertação para o público.

O processo de decisão de quanto criptografia e proteção adicional (como hash ou tecnologias de criptografia blockchain emergentes) deve basear-se no risco para o sistema.

Considere o risco ea dano à sociedade, se os dados, CUI ou não é comprometida

CONSCIÊNCIA E FORMAÇÃO (AT)
Um programa de treinamento é uma obrigação

UMAwareness & Training é sobre um programa ativo de treinamento de segurança cibernética para os empregados e um programa de educação recorrente que garante a sua familiaridade e conformidade com a proteção de dados confidenciais da empresa e CUI / CDI de forma consistente. Os sites (abaixo) identificar os locais patrocinados pelo governo livre uma empresa pode aproveitar sem gastar qualquer de seus próprios recursos. Os três principais requisitos de formação que podem ser esperados da maioria dos fornecedores de apoio às actividades de contratos do governo federal, incluem:

1. **Treinamento de Conscientização de Segurança Cibernética.**
   https://securityawareness.usalearning.gov/cybersecurity/index.htm

2. **Formação ameaça interna.**
   https://securityawareness.usalearning.gov/itawareness/index.htm
   (Mais discussão sobre o tema "Insider Threat" See Controle 3.2.3).

3. **Privacidade.**
   https://iatraining.disa.mil/eta/piiv2/launchPage.htm (Isto especificamente aplica a qualquer empresa que lida com, processos ou mantém informações pessoalmente identificáveis (PII) e pessoal de Informação em Saúde (PHI). A expectativa do autor é que mesmo que uma empresa não lidar com PII ou PHI, o governo federal para fazer esta um requisito de formação universal.)

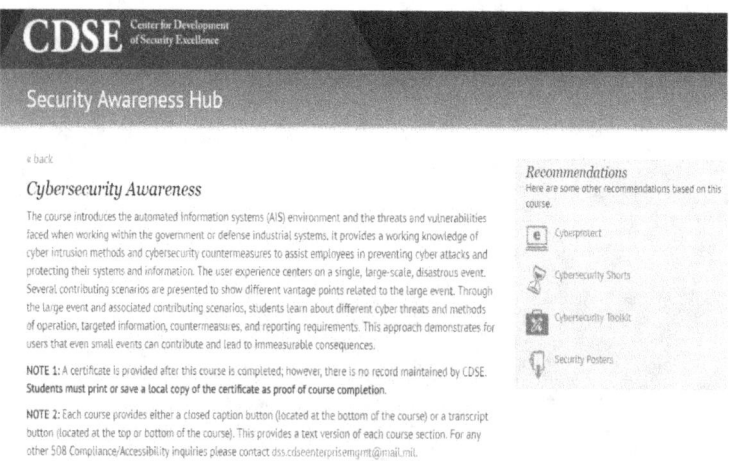

Requisitos Básicos de Segurança:

3.2.1 Certifique-se que os gerentes, administradores de sistemas e usuários de sistemas de informação organizacionais estão cientes dos riscos de segurança associados às suas actividades e dos aplicáveis políticas, padrões e procedimentos relacionados com a segurança dos sistemas de informação organizacional.

RESPOSTA mínima: Os seres humanos são o elo mais fraco da segurança cibernética "guerra". A maior ameaça é do funcionário que inadvertidamente seleciona um link que permite uma intrusão no sistema corporativo, ou pior, aqueles que maliciosamente remover, modificar ou excluir sensível CUI / CDI.

A resposta deve ser documentado sobre os requisitos de treinamento de reciclagem iniciais e anuais para todos na empresa; funcionários não média, mas deve incluir os gerentes seniores e subcontratados de apoio. Fornecer uma amostra de selecionar os funcionários que tiveram treinamento, e garantindo que é atual no ano passado.

MAIS resposta completa: Uma possível demonstração da solução mais completa-se dentro da direção específica política de TI pessoal de apoio. Não poderia ser uma forma de notificação que lhes permite após a notificação, manualmente ou por meios automatizados, de suspender o acesso à formação é completada. documentação forte é importante específico para treinamento de conscientização.

3.2.2 Assegurar que o pessoal da organização sejam adequadamente treinados para realizar suas informações atribuídas tarefas e responsabilidades relacionadas à segurança.

RESPOSTA mínima: Isso é necessário não só treinamento de conscientização, mas também treinamento especializado para usuários privilegiados. Este é geralmente sistema operacional (OS) treinamento específico para a arquitetura da empresa. É possível ter vários sistemas operacionais. usuários privilegiados só são obrigados a mostrar, por exemplo, alguma forma do certificado de formação, para atender a essa exigência. Todo o pessoal de TI que têm privilégios elevados deve ter essa formação antes de serem autorizados a executar suas funções.

Além disso, se a empresa usa o Microsoft ® ou Linux ® Sistemas operacionais, os usuários privilegiados terão algum nível de certificação para mostrar uma familiaridade com esses programas. Isto poderia incluir principais certificações nacionais para estas aplicações ou cursos básicos familiaridade de sites gratuitos de formação, por exemplo, Khan Academy (https://www.khanacademy.org/) ou **Udacity®** (https://www.udacity.com/).

O governo não definiu o nível eo tipo de treinamento para esse requisito. Ele exige que os usuários o privilégio de ter um certificado de compreensão e formação (com nenhum comprimento de tempo especificado) para o principal sistema operacional (OS) a infra-estrutura de TI da empresa emprega.

Resposta mais completa: Se o pessoal de TI têm certificação formal (como a partir de um programa de treinamento Microsoft ® parceiro), estes são artefatos ideais que devem fazer parte do BOE.

Requisitos de segurança derivados:

3.2.3 Fornecer treinamento de conscientização de segurança em reconhecer e comunicar potenciais indicadores de ameaça interna.

RESPOSTA mínima: Serviço de Segurança Defesa do DOD (DSS) em Quantico, VA, é o agente executivo para atividades de ameaças internas. O DSS oferece muitas oportunidades de treinamento e toolkits em Insider Threat. Estas informações estão disponíveis a partir de seu site de agência gratuitamente em http://www.dss.mil/it/index.html. Este é um excelente recurso para criar um programa de treinamento ameaça interna já desenvolvidos para o uso da empresa.

empresa documento de requisitos mínimos de formação para ambos os usuários em geral e privilegiados como assistir instruções em linha selecione ou oportunidades de treinamento baseado em computador a partir de DSS. Todos na empresa deve participar e completar satisfatoriamente o treinamento.

Resposta mais completa: a prova mais completa de conformidade das empresas com este requisito de controle de segurança pode incluir oradores convidados, ou ameaças internas-saco marrom eventos em torno hora do almoço. treinamento de pessoal da empresa deve capturar registros de atendimento para incluir listas de sessão. Estes poderiam ser usados para requisitos de formação anuais específicos à familiaridade ameaça interna.

Além disso, recomendamos um programa de formação de instrutor, onde indivíduos selecionados são treinados por qualquer DSS ou outra empresa competente que se torna recursos corporativos. Estes indivíduos atribuídos poderia fornecer treinamento e suporte de primeiro-responder, conforme necessário e ser implantado para outros sites da empresa.

AUDITORIA E RESPONSABILIDADE (AU)
Sistema de Logs e sua revisão regular

O controle da UA é principalmente sobre a capacidade do sistema proprietário / empresa para monitorar o acesso não autorizado ao sistema através de funções de log do sistema do sistema operacional e outros dispositivos de rede, tais como firewalls. Uma SA é tipicamente atribuído o dever de rever os arquivos de log; estes podem incluir tanto o acesso autorizado e não autorizado à rede, aplicações, bancos de dados, sistemas financeiros, etc. A maioria das empresas vai contar com revisão manual; No entanto, alguns servidores e firewalls "inteligentes" podem fornecer alertas automatizado para o pessoal de TI de uso ou de intrusão não autorizada. A chave é entender as capacidades de auditoria do sistema corporativo e estar preparado para defender suas capacidades e limitações, se os representantes do governo ou avaliadores de terceiros solicitar prova de conformidade de controle.

```
        ⅃sion Detection System
.**] [1:1407:9] SNMP trap udp [**]
[Classification: Attempted Information Leak] [Priority: 2]
03/06-8:14:09.082119 192.168.1.167:1052 -> 172.30.128.27:162
UDP TTL:118 TOS:0x0 ID:29101 IpLen:20 DgmLen:87


Personal Firewall
3/6/2006 8:14:07 AM,"Rule ""Block Windows File Sharing"" blocked (192.168.1.54,
netbios-ssn(139)).","Rule ""Block Windows File Sharing"" blocked (192.168.1.54,
netbios-ssn(139)).  Inbound TCP connection.  Local address,service is
(KENT(172.30.128.27),netbios-ssn(139)).  Remote address,service is
(192.168.1.54,39922).  Process name is ""System""."

3/3/2006 9:04:04 AM,Firewall configuration updated: 398 rules.,Firewall configuration
updated: 398 rules.


Antivirus Software, Log 1
3/4/2006 9:33:50 AM,Definition File Download,KENT,userk,Definition downloader
3/4/2006 9:33:09 AM,AntiVirus Startup,KENT,userk,System
3/3/2006 3:56:46 PM,AntiVirus Shutdown,KENT,userk,System


Antivirus Software, Log 2
240203071234,16,3,7,KENT,userk,,,,,,,16777216,"Virus definitions are
current.",0,,0,,,,,0,,,,,,,,,SAVPROD,{ xxxxxxxx-xxxx-xxxx-xxxx-xxxxxxxxxxxx },End
User,(IP)-192.168.1.121,,GROUP,0:0:0:0:0,9.0.0.338,,,,,,,,,,,,


Antispyware Software
DSO Exploit: Data source object exploit (Registry change, nothing done)  HKEY_USERS\S-
1-5-19\Software\Microsoft\Windows\CurrentVersion\Internet Settings\Zones\0\1004!=W=ᵌ
```

exemplos do tipo de registo de auditoria. Os logs acima são bons exemplos de logs de sistema que devem ser revistos regularmente. Estes são de responsabilidade do negócio para monitorar a rede ativamente. Outro termo de grande interesse é a monitorização contínua (ConMon); consulte o artigo no Apêndice C discutindo a importância de capacidades ConMon. ConMon pode ser conseguido por meios manuais e automatizadas, e auditoria é uma importante família de controle suportando os objectivos da presente princípio cibersegurança.

atividades ConMon é melhor descrito como a capacidade da empresa para "continuamente" monitorar o estado de sua rede dentro de seu limite de segurança definido. Deve ser um recurso para determinar, por exemplo, quem, quando, e quais são dentro limite de segurança da empresa e quaisquer requisitos de informação em caso de uma intrusão. Ele será baseado na descoberta de log de atividades não autorizadas. (FONTE: Guia para Gerenciamento de log de segurança do computador, NIST SP 800-92, setembro de 2006,http://nvlpubs.nist.gov/nistpubs/Legacy/SP/nistspecialpublication800-92.pdf).

Para uma melhor descrição sobre a finalidade e componentes de Monitoramento Contínuo (ConMon) veja o Apêndice D: Monitoramento Contínuo: uma discussão mais detalhada.

Requisitos Básicos de Segurança:

3.3.1 Criar, proteger e manter os registros de auditoria de sistemas de informação na medida do necessário para permitir o monitoramento, análise, investigação e relatórios de actividade sistema de informação ilegal, não autorizada ou inadequada.

RESPOSTA MÍNIMO: A parte fundamental deste controle é de cerca de retenção de registros de auditoria. O controle define o período de retenção como uma vaga capacidade de reter esses registros para o maior "medida do possível." A orientação deve ser sempre baseada na sensibilidade dos dados. Outra consideração deve incluir a capacidade de fornecer dados forenses aos investigadores para determinar a intrusão ao longo de um período.

A Violação OPM histórico ocorreu ao longo de vários anos, até OPM mesmo reconhecido vários incidentes. Isto incluiu a exfiltração de milhões de pessoas e processos de inquérito fundo de segurança. falhas OPM enquanto muitos, incluindo os processos de auditoria pobres e revisão, são um factor importante para o sucesso de hackers Estado-nação. pobres processos de auditoria e retenção de OPM fez reconstruir eventos críticos mais do que difícil para o forense do governo e investigações criminais associados.

A recomendação para pequenas e médias empresas que realizam atividades do contrato do governo dos EUA seria, pelo menos, um ano, e de preferência dois anos de retenção de log de auditoria. As empresas devem discutir regularmente com representantes de contrato do governo seus requisitos especificados. Eles também deve visitar a Agência de Arquivos Registro Nacional (NARA) (www.nara.gov) Para CUI / retenção dos dados CDI como parte de um programa de auditoria activo.

As empresas devem equilibrar as operações (e custos de longo prazo), com a segurança (a capacidade de reconstruir uma intrusão, para apoiar a aplicação da lei)

Resposta mais completa: Uma maior capacidade de reconhecer brechas (eventos e incidentes) poderia incluir um processo interno adicional e atribuiu pela primeira respondedores que iria agir sobre essas ocorrências. Esta equipe de resposta pode ter a formação especializada adicional para incluir o uso de ferramentas de apoio à análise de seleção de rede para incluir o treinamento de inspeção de pacotes usando ferramentas como o Wireshark ®(https://www.wireshark.org/).

3.3.2 Garantir que as ações dos usuários do sistema de informação individual pode ser rastreada exclusivamente para esses usuários, para que eles possam ser responsabilizados por suas ações.

RESPOSTA mínima: Trata-se de que a captura de usuários individuais como eles acessar o sistema. logs de acesso deve incluir, por exemplo, informações de identificação do usuário, data e hora de todos os acessos, bancos de dados ou aplicativos acessados, e algumas tentativas frustradas de login. Este controle é projetado para o potencial de reconstrução forense tanto para violações de políticas internas ou intrusões de ameaças externas. Quaisquer considerações de política deve incluir, pelo menos, revisão semanal, mas qualquer revisão periodicidade auditoria deve basear-se na sensibilidade e criticidade dos dados para a missão global do negócio.

Resposta mais completa: Um meio mais completas para resolver este controle está usando alertas automáticos a chave pessoal de gestão e de TI. Isto poderia incluir capacidades de firewalls existentes "inteligentes", ou mais avançadas soluções podem incluir uma solução de Segurança da Informação & Event Management (SIEM). São soluções mais complicadas e caras, mas os desenvolvimentos actuais empregam tecnologias de Inteligência Artificial e Aprendizado de Máquina modernos para identificar de forma mais proativa ameaças está evoluindo rapidamente; Estas soluções devem ser menos dispendioso e mais fácil de implantar dentro da próxima década.

Requisitos de segurança derivados:

3.3.3 Revisão e atualização auditados eventos.

RESPOSTA mínima: Esta é uma exigência semelhante a outros AU controla acima para analisar regularmente os registros de auditoria. Recomendamos pelo menos comentários semanais.
Resposta mais completa: Para abordar mais completamente esse controle, o pessoal de TI pode categorizar os tipos de log sendo coletados. Estes podem incluir, por exemplo, o sistema operativo (OS) (rede), aplicação, firewall, registos de bases de dados, etc.

3.3.4 Alerta em caso de uma falha no processo de auditoria.

RESPOSTA mínima: Esta é uma habilidade ativa desenvolvido dentro da tecnologia de auditoria da empresa que pode alertar o pessoal de uma falha de auditoria.

Isto poderia incluir alarmes locais, luzes piscando, SMS, e-mails de alertas para o pessoal-chave da empresa. Isso vai exigir SA e o pessoal de TI para configurar as definições de política a ser estabelecida como parte dos controlos normais em apoio da função global de auditoria e controlo. Uma descrição da execução técnica e ações imediatas a serem tomadas por pessoal devem ser identificados. Isto deve incluir a activação do Plano de resposta a incidentes (IR). MAIS resposta completa: soluções técnicas adicionais podem incluir sistemas suplementares a serem monitorados. Isto pode incluir o estado de todos os dispositivos e as funções de controlo com capacidade. Isso também pode incluir um computador separado ou um servidor de backup de auditoria para o armazenamento de logs não no sistema primário; isso impediria intrusos de excluir ou alterar registros para esconder a sua presença na rede.

Estas soluções acabará por adicionar complexidade e custo adicional. Certifique-se de qualquer solução é suportável, tanto financeiramente e tecnicamente pelos tomadores de decisão da empresa. Enquanto a ter maior segurança é um desejo geral do 800-171 implementação NIST, deve ser equilibrada com uma abordagem prática e mensurável de valor agregado a adição de quaisquer novas tecnologias. Ele também deve ser uma análise mais aprofundada que a incorporação de novas tecnologias devem abordar os impactos de maior complexidade e determinar a capacidade de TI pessoal de apoio para mantê-lo.

3.3.5 revisão de auditoria, análise e processos de relatórios Correlacionar para investigação e resposta a sinais de atividade imprópria, suspeito, ou incomum.

RESPOSTA mínima: Isso deve identificar as ações técnicas tomadas pelo pessoal de auditoria autorizados a perseguir ao analisar a atividade suspeita na rede.

Além disso, deve ser ligada ao plano de IR, e ser testada, pelo menos, anualmente. (Ver IV Controlo para uma discussão mais aprofundada do exemplo DOD precedência Identificação e determinar as acções com base no nível de gravidade).
Resposta mais completa: Veja Controlo 3.3.2 para uma discussão mais detalhada de empregar uma solução SIEM. Além de análise manual, a empresa poderia aproveitar os recursos de

tecnologias de identificação ameaça mais recentes, como SIEM e dispositivos de detecção de intrusão e prevenção "inteligentes".

3.3.6 Fornecer redução de auditoria e geração de relatórios para apoiar análises e relatórios on-demand.

RESPOSTA mínima: redução de Auditoria prevê requisitos de revisão de auditoria, análise e reporte "on-demand".

Isto deve pelo menos usar métodos manuais para coletar auditorias de entre vários dispositivos de registro de auditoria para ajudar com as necessidades forenses potenciais. Qualquer esforço processual para apoiar a redução de auditoria provavelmente pode usar aplicativos de suporte comercial e scripts (pequenos programas normalmente são explicitamente escrito para ambiente de TI única do negócio) que o pessoal de TI deve ser capaz de ajudar na sua identificação, desenvolvimento e aquisições.

Resposta mais completa: o pessoal de TI pode identificar soluções mais automatizados e integrados de redução de auditoria. prováveis candidatos poderia ser firewalls "inteligentes" ou soluções de informação de segurança e gerenciamento de eventos (SIEM).

3.3.7 Fornecer uma capacidade de sistema de informação que compara e sincroniza os relógios internos do sistema com uma fonte autorizada para gerar marcas de tempo para registros de auditoria.

RESPOSTA MÍNIMO: A resposta mais simples é ter o pessoal de TI usar o Network Time Protocol (NTP) na porta NTP 123 para fornecer timestamps Observatório Naval dos EUA como o padrão para a rede; este é considerado a fonte autorizada. Os relógios do sistema de todos os processadores (computadores, firewalls, etc.) dentro da empresa deve ser definido para o mesmo tempo quando inicializado pela primeira vez por ele equipes de apoio; esta deve ser uma exigência política explícita.

Sugere-se que a revisão pessoal SA e comparar o (carimbo de tempo servidor NTP) externo com relógios internos do sistema. Isso pode ser usado para identificar mudanças de log se a sincronização não é o mesmo das configurações do relógio externos e internos. Log mudanças podem ser um indicador de acesso não autorizado e manipulação de arquivos de log por hackers.

Resposta mais completa: Existem vários programas automatizados que podem ser usados, e bons programadores básicas dentro da empresa poderia escrever scripts (pequenos pedaços de código executável) para fornecer essas comparações mais facilmente.

3.3.8 informação e auditoria ferramentas de auditoria proteger de acesso não autorizado, modificação e exclusão.

RESPOSTA MÍNIMO: Este controlo requer maior proteção dos arquivos de auditoria e ferramentas de auditoria de usuários não autorizados. Estas ferramentas podem ser exploradas por invasores para mudar arquivos de log ou excluí-los inteiramente para esconder a sua entrada no sistema. Senha proteger e limitar o uso de apenas pessoal autorizado. Documentar este processo em conformidade.

Resposta mais completa: Esta informação pode ser armazenada em algum outro servidor não faz parte da área de captura normal, log de auditoria. Além disso, conduzir regularmente cópias de segurança para evitar que intrusos manipulação de toros; isso permitirá que um meio para comparar as alterações, e identificar possíveis incidentes na rede de ação pela alta administração ou aplicação da lei.

gestão 3.3.9 Limite de funcionalidade de auditoria para um subconjunto de usuários privilegiados.

RESPOSTA mínimos: Consulte Controle 3.3.8 para reduzir o número de funcionários com acesso para auditar os registros e funções. Manter uma lista de pessoal com contratos de usuário apropriados podem pagar a capacidade de limitar o pessoal, bem como fornecer valor em futuras atividades forenses necessários.

Resposta mais completa: Existem diversos produtos, tais como CyberArk ® que poderiam ser usados para gerenciar e monitorar o acesso de usuários privilegiados para auditar informações. Este produto será uma solução relativamente caro para as pequenas e algumas médias empresas.

CONFIGURAÇÃO DE GESTÃO (CM)
A Fundação verdadeira de Segurança Cibernética

A verdadeira importância da gestão de configuração é que é, na verdade, o "lado oposto da mesma moeda" chamado cibersegurança. CM é usado para controlar e confirmar as alterações à linha de base do sistema; isso pode ser mudado em hardware, firmware e software que iria alertar os profissionais de TI a alterações não autorizadas ao ambiente de TI. CM é usado para confirmar e assegurar um controlo programático evitar alterações que não foram adequadamente testados ou aprovados.

CM requer o estabelecimento de linhas de base para o acompanhamento, controle e gestão de infraestrutura de TI interna de uma empresa específica para NIST 800-171. As empresas com um processo CM eficaz precisa considerar implicações de segurança da informação para o desenvolvimento e operação de sistemas de informação. Isto incluirá a gestão activa das alterações ao hardware da empresa, software e documentação.

CM eficaz de sistemas de informação exige a integração da gestão de configurações de segurança no processo de CM. Se boa CM existe como um processo bem definido "mudança", a protecção do ambiente de TI é mais garantida. Isto deve ser considerado como o segundo controle de segurança mais importante. Sugere-se que tanto a gestão e pessoal de TI têm conhecimento e treinamento adequado para manter este processo uma vez que é tão essencial para uma boa prática de segurança programática e cibernético.

Requisitos Básicos de Segurança:

3.4.1 Estabelecer e manter configurações de base e inventários de sistemas de informação da organização (incluindo hardware, software, firmware e documentação) ao longo dos respectivos ciclos de vida de desenvolvimento de sistemas.

RESPOSTA mínima: Este controle pode ser melhor atendidas por hardware, software e firmware (deve ser combinada com hardware) listagens; estes são os artefatos clássicos necessários para qualquer sistema. Atualizando esses documentos como alterações na arquitetura de TI é tanto uma crítica funções de logística e TI. Garantir que essas equipes são bem coordenada sobre alterações no sistema. Isto deve ser incluído no Plano de Sistema de Segurança (SSP).

Além disso, NIST 800-171 requer controle de documentos de todos os relatórios, documentos, manuais, etc. A moeda de todos os documentos relacionados devem ser geridos em um repositório centralizado.

Onde os documentos podem ser sensíveis, tais como descrever fraquezas ou vulnerabilidades da infraestrutura de TI existentes, estes documentos devem ter um maior nível de controle. A justificativa para um maior controlo de tais documentos é se esses documentos foram "encontrados" nas públicas, hackers ou ameaças persistentes avançadas (ou seja, contraditório estados-nação) poderia usar essas informações para realizar façanhas. Vulnerabilidades sobre sistemas da empresa devem ser marcadas e controladas, pelo menos no nível CUI / CDI.

MAIS resposta completa: Sugestão de melhores abordagens para exercer boas atividades de controle de versão estaria usando uma unidade de rede compartilhada, ou uma solução mais avançada poderia usar o Microsoft ® SharePoint ®. Uma ferramenta de controle de versão ativa só deve permitir que pessoal autorizado a fazer alterações em documentos-chave e mudanças no sistema e seus associados mudanças de versão-major dentro da arquitetura de TI, por exemplo, da versão 2.0 para 3.0. Isso também deve manter registros de auditoria de quem e quando um arquivo é acessado e modificado.

3.4.2 Estabelecer e reforçar as definições de configuração de segurança para produtos de tecnologia da informação empregadas em sistemas de informação organizacionais.

MÍNIMO / resposta mais completa: Deve haver uma identificação de quaisquer configurações de segurança em documentos processuais de negócios. Isto inclui as definições de política técnicas, por exemplo, número de logins falhos, comprimento mínimo de senha, configurações de logoff obrigatórios, etc. Estas definições devem ser identificadas pelo sistema operacional de uma empresa, aplicativo ou programa de software.

Requisitos de segurança derivados:

3.4.3 Track, revisar, aprovar / desaprovar, e as mudanças de auditoria aos sistemas de informação.

RESPOSTA mínima: Este controle aborda um processo de mudança corporativa definida. Este deve ser capaz de adicionar ou remover componentes de TI dentro da rede e fornecer divisas necessárias sobre o estado da rede. Isso não deve ser uma função puramente pessoal de TI. Se a empresa pode pagar o pessoal de infraestrutura adicionais, deve atribuir um gerenciador de configuração; esta pessoa iria administrar o processo de CM.

Resposta mais completa: Este poderia usar Commercial Off the Shelf Technologies (COTS) que poderiam ser usados para estabelecer um banco de dados CM mais sofisticado. Isso também poderia permitir uma capacidade de auditoria mais capaz de prevenir alterações não autorizadas.

3.4.4 Analisar o impacto das mudanças antes de implementação de segurança.

RESPOSTA MÍNIMO: Sob processo de gestão de risco do NIST, que exige que todas as alterações à linha de base exigem algum nível de análise técnica. Esta análise é descrita como uma Análise de Impacto de Segurança (SIA), e está à procura de quaisquer alterações positivas ou negativas que são considerados relevantes de segurança.

Esta análise deve olhar para qualquer mudança na arquitetura, seja ele muda em hardware, software, firmware, ou arquitetura. Isso deve ser descrita no processo CM corporativo e pode ser tão básico como um write-up a partir de um membro da equipe de TI, por exemplo, que a mudança vai ou não vai ter um impacto de segurança, e pode ou não ser de segurança relevante.

Se a alteração introduz um impacto "negativo", tais como a eliminação de capacidades de backup ou a introdução de software atualmente unsupportable (possivelmente devido a restrições de financiamento), que é da responsabilidade da empresa para reiniciar o processo de NIST 800-171 em cheio e aconselhar o governo da lógica para a mudança.

Veja controle CM 3.4.4 para uma decisão-árvore detalhada.

Resposta mais completa: Uma solução mais-completo a este controle incluiria, por exemplo, a adição de um novo produto de software que suporta varreduras de vulnerabilidades usando antivírus corporativo e aplicativos de malware ou produtos de software. Anexar esses relatórios como parte do registro.

No caso de atualizações de hardware, a empresa poderia demonstrar seu processo SCRM anexando prova de que o fabricante é um fornecedor autorizado aprovado pelo governo. Acesso ao governo federal aprovou produtos List (APL) pode exigir o Diretor Representante Contratante (COR) ou Contratante Officer (CO) aprovar o acesso a bancos de dados especificados. A revisão positiva desses bancos de dados irá demonstrar o nível adequado de due diligence para qualquer autorização actual ou futuro para Operar (ATO).

3.4.5 definir, documentar, aprovar e aplicar restrições de acesso físicos e lógicos associados com mudanças no sistema de informações.

MÍNIMO / resposta mais completa: "As restrições de acesso" estão alinhados com os controles AC discutido anteriormente. Como parte de uma política CM corporativa, quaisquer alterações à linha de base de TI precisa ser capturados dentro de um processo formal aprovado por esse processo e documentados.

A documentação é normalmente mantida em um banco de dados CM, e mais especificamente, seria necessário a atualização de quaisquer listas de hardware ou software. Prova de conformidade seria a produção de listagens atualizadas que são mantidos pelo banco de dados CM. Isto deve incluir a atualização de quaisquer diagramas de rede que descrevem de forma gráfica uma descrição da rede corporativa; estas são todas as exigências explícitas sob NIST 800-171. Esses artefatos também devem ser incluídos na SSP.

3.4.6 empregar o princípio da menor funcionalidade através da configuração do sistema de informação para fornecer apenas as capacidades essenciais.

RESPOSTA mínima: Peças do governo definiram o uso, por exemplo, de File Transfer Protocol (FTP), Bluetooth, ou peer-to-peer protocolos de rede como inseguros. Estes protocolos são não autorizada dentro de muitos ambientes públicos federais, e empresas que buscam aprovação NIST 800-171 são os melhores para seguir esta direção também. Qualquer procedimento escrito deve tentar reavaliar pelo menos anualmente se uma determinação da segurança de todas as funções, portas, protocolos ou serviços ainda estão corretas.

Resposta mais completa: O uso de ferramentas automatizadas de pacotes de rede é recomendada para realizar tais reavaliações. Assegurar que o pessoal de TI têm a experiência certa e habilidade para fornecer uma boa análise deste requisito controle.

3.4.7 Restringir, desativar e impedir a utilização de não essenciais programas, funções, portas, protocolos e serviços.

RESPOSTA mínima: programas não essenciais, funções, portas e protocolos são avenidas de ataque principais para aspirantes a hackers. Todos os programas que não são usados para a realização de operações de negócios devem ser removidos. Quando tal não for possível, esses programas devem estar na lista negra para ser executado no ambiente de TI da empresa. (Ver 3.4.8., Infra).

Em relação portas e protocolos, isso exigirá a equipe de TI envolvimento direto no processo de tomada de decisão. Determinadas portas são normalmente necessários para a operação diária de qualquer empresa do século 21. Por exemplo, as portas 80, 8080, e 443 são usados para enviar HTTP (tráfego na web); estas portas normalmente será necessária para ser activa.

Número da porta	aplicação Suportado
20	Arquivo Transport Protocol (FTP) de dados
23	Telnet
25	Simple Mail Transfer Protocol (SMTP)
80, 8080, 443	Hypertext Transport Protocol (HTTP) → WWW
110	Post Office Protocol versão 3 (POP3)

Portas comuns e seus protocolos associados

Para aquelas portas e protocolos que não são necessários, eles devem ser fechados pelo pessoal de TI designados. Isso impede que os hackers explorando entradas abertas na infra-estrutura corporativa. Certifique-se de uma cópia de todas as portas abertas e fechadas está prontamente disponível para os representantes do governo para revisão como parte dos requisitos NIST 800-171.

Resposta mais completa: O negócio poderia empregar ferramentas que verificam as portas não utilizadas e abertas. Isto poderia incluir uma reavaliação regular de se portas precisam permanecer ativo. Como mencionado anteriormente, os produtos tais como o Wireshark ® pode ser utilizado como uma solução de baixo custo para realizar qualquer reavaliação da infra-estrutura corporativa.

3.4.8 Aplicar negar por exceção política (lista negra) para evitar o uso de software não autorizado ou negar tudo, permitir por exceção política (whitelisting) para permitir a execução de software autorizado.

MÍNIMO / resposta mais completa: A empresa deve empregar lista negra ou lista branca, (Veja Controle 3.14.2 para mais informações), para proibir a execução de programas de software não autorizadas ou aplicações dentro do sistema de informação. Uma cópia da listagem atual deve ser parte do Corpo formal da Evidence (BOE).

3.4.9 Controle e monitor de software instalado pelo usuário.

RESPOSTA MÍNIMO: A política deve sempre ser que somente administradores autorizados, como designado SA e quadros superiores de help desk, ser autorizados a adicionar ou excluir software de computadores de usuários.

Também deve haver um processo definido para solicitar software especializado ser adicionado para usuários únicos. Estes podem incluir o pessoal de finanças, arquitetos, estatísticos, etc., que exigem especializados software stand-alone que pode ou não pode conectar-se à Internet.

Resposta mais completa: Isso pode incluir como parte do processo de auditoria normais da empresa a revisão de saber se o pessoal está adicionando software e Ignorando medidas de segurança (tais como a obtenção de senhas de TI autorizado indivíduos). Isso também pode ser abordada no AUP e apoiada por atividades de RH apropriados que podem ser exercidas contra as pessoas de tais violações.

IDENTIFICAÇÃO E AUTENTICAÇÃO (IA)
Por autenticação de dois fatores é tão importante?

A brecha 2015 Office of Personnel Management (OPM) poderia ter sido evitada se esta família de controle foi correctamente aplicada e cumprida. A um efeito "positivo" que a violação OPM causada por agências federais foi a exigência do Congresso que estes requisitos se tornou obrigatória. O foco do Congresso sobre o uso de autenticação de dois fatores (2FA) e Autenticação Multi-Factor (MFA) forneceu resultados construtivos para o governo federal e impulso para medidas de cibersegurança mais rigorosas para além das fronteiras de TI do governo.

Enquanto algumas empresas vão ser oferecidas, por exemplo, (PIV) Common Access Cards (CAC) ou Verificação de Identidade Pessoal cartões para realizar 2FA entre a empresa eo governo, a maioria não será autorizado o acesso. Implementação exigirá vários níveis de investimento, e o uso de dispositivos 2FA, ou também chamados de "tokens." Isso também vai exigir custos financeiros adicionais e desafios de integração de técnicas para a média empresa.

Para muitas pequenas empresas, isso também vai exigir alguns investimentos consideráveis por parte da empresa e um compromisso claro de trabalhar com o governo. As soluções podem incluir, por exemplo, fichas RSA®-estes são pequenos dispositivos que giram constantemente uma variável de segurança (uma chave) que um utilizador entra em adição a uma senha ou Número de Identificação Pessoal (PIN). Esta solução oferece uma solução potencial para as empresas a cumprir a exigência 2FA.

De acordo com o Comité da Câmara sobre o relatório de Supervisão e Governo Reforma em 07 de setembro de 2016, a liderança da OPM não conseguiu "implementar higiene básica cyber, como a manutenção de autoridades atuais para operar e empregando a autenticação multi-fator forte, apesar de anos de aviso do Inspector Geral ... ferramentas estavam disponíveis que poderiam ter evitado as violações ..." (FONTE: https://oversight.house.gov/wp-content/uploads/2016/09/The-OPM-Data-Breach-How-the-Government-Jeopardized-Our-National-Security-for-More-than-a-Generation.pdf)

As melhores abordagens exigirá bons levantamentos dos recursos disponíveis no mercado e estar consciente de que de dois fatores não precisa ser um cartão ou solução de token. Outras opções incluem biometria (impressões digitais, reconhecimento facial, etc.) ou solução 2FA serviço de mensagens curtas (SMS) como o usado por Amazon® para verificar seus clientes. Eles usam um processo de verificação Two-Step que fornece um "código de verificação enviado para o cliente de telefone celular ou telefone de casa pessoais para verificar sua identidade.

Esteja preparado para fazer séria "lição de casa" na esses controles, e pesquisar todas as soluções potenciais. Uma vez que esse controle é resolvido, a empresa estará em melhor posição e não apenas com o governo, mas têm respostas sérias que assegurem a protecção dos seus dados sensíveis.

Requisitos Básicos de Segurança:

3.5.1 Identificar usuários de sistemas de informação, processos agindo em nome dos usuários ou dispositivos.

MÍNIMO / resposta mais completa: Este controlo deve identificar / referência a procedimentos comerciais actuais como delineado no controlo AU acima. Ele deve abordar essa auditoria é usado para identificar os usuários do sistema, os processos (aplicações) e os dispositivos (computadores) acessados.

3.5.2 a autenticação (ou verificar) as identidades desses usuários, processos ou dispositivos, como um pré-requisito para permitir o acesso aos sistemas de informação organizacionais.

RESPOSTA mínima: Enquanto logon básica e informações de senha poderia ser usado, Controle 3.5.3 abaixo, requer Multifactor ou autenticação de dois fatores (2FA). O governo exige 2FA, e NIST 800-171 exige-lo também.

** Lembre-se, se a empresa não é imediatamente preparado para executar uma solução 2FA, um poam é necessária.

Resposta mais completa: A melhor resposta é o emprego de algum tipo de 2FA. Poderia ser uma solução de token dura, como a CAC ou cartão de PIV. A outra opção seria incluir tais soluções virtuais que usam e-mail ou mensagem SMS como Google ® ou Amazon ® para fornecer 2FA; esta solução soft token é tipicamente mais fácil e menos caro para implementar. Ele pode ser mais facilmente implantado para atender NIST 800-171 exigência.

Requisitos de segurança derivados:

3.5.3 Uso de autenticação multifator para acesso local e de rede para contas privilegiadas e de acesso à rede para contas não privilegiadas.

RESPOSTA mínimos: Consulte Controle 3.5.2 acima. Assegurar a exigência de MFA ou 2FA fazem parte da política de segurança cibernética / procedimento da empresa.

Resposta mais completa: (Veja Controle 3.5.2 para abordagens sugeridas).

mecanismos de autenticação de repetição resistente 3.5.4 empregar para acesso à rede para contas privilegiadas e não privilegiados.

RESPOSTA MÍNIMO: Este controlo requer tecnologias de reprodução resistente para evitar ataques de repetição. ataques de repetição também são known como um ataque de reprodução. Este é um ataque em que o hacker captura o tráfego legítimo de um usuário autorizado e, presumivelmente, um usuário da rede positivamente identificado, e usa-lo para obter acesso não autorizado a uma rede. Isso também é considerado uma forma de um ataque Man-in-the-Middle tipo.

A solução mais fácil para resolver este controle é ter pessoal de TI da empresa desativar o Secure Socket Layer (SSL) -que o governo não autoriza. As empresas devem utilizar o Transport Layer Security (TLS) 2.0 ou superior; -lo como um padrão do governo necessário.

Se a empresa precisa para continuar o uso de SSL para manter a conectividade com, por exemplo, provedores de dados externos ou de terceiros, a poam é necessária. Esforços devem ser feitos para discutir com esses provedores de dados quando eles deixarão de estar usando SSL. Essa discussão deve começar o mais cedo possível para assessorar o governo através de um poam que demonstra que a empresa está realizando a sua devida diligência para proteger sua CUI / CDI.

Resposta mais completa: Uma solução potencialmente caro pode incluir a adição de uma solução de SIEM. Há muitos provedores de rede de TI principais que foram adicionados recursos de inteligência artificial para detectar esse tipo de ataque melhor; identificar qualquer solução cuidadosamente.

3.5.5 evitar a reutilização de identificadores para um período definido.

RESPOSTA MÍNIMO: Este controlo IA dirige que "indivíduo, grupo, função ou dispositivos identificadores" de serem reutilizados. Isto deve ser incluído como parte de qualquer procedimento escrito e definido nas políticas de sistema para evitar identificadores de serem reutilizados. Isto poderia incluir nomes de endereços de e-mail (individuais), contas de administrador (grupo) ou identificadores de dispositivo como "finan_db" designar um alvo de alto valor, como um "banco de dados financeiros" (dispositivo).

A razão para este controle é para evitar que intrusos que adquiriram informações sobre esses identificadores com menos de uma capacidade de usar esta informação para um exploit do negócio. Isto irá ajudar a melhor frustrar a coleta de informações do hacker e análise de rede interna de uma empresa. Este controle é projetado para evitar as capacidades dos intrusos para ter acesso aos sistemas corporativos e sua CUI residente / repositórios CDI.

Resposta mais completa: Reutilização de identificadores individuais deve ser desencorajado, por exemplo, no caso de um funcionário retornando. Esta é uma sugestão de base: 'John.Smith@cui-company.com' poderia ser exemplos variados, 'John.H.Smith2@cui-company.com.

3.5.6 identificadores desactivar após um período definido de inatividade.

MÍNIMO / resposta mais completa: Isso exige que depois de uma configuração de tempo limite definido, o sistema termina a sua ligação. A recomendação é de 30 minutos no máximo, mas como mencionado anteriormente, o tempo limite deve ser sempre por base a sensibilidade de dados.

3.5.7 Impor uma complexidade de senha mínimo e mudança de caracteres quando novas senhas são criadas.

RESPOSTA MÍNIMO: Se estiver usando senhas para fins de autenticação, a expectativa é que a poam foi desenvolvido até o momento uma solução 2FA ou MFA está no lugar. A complexidade padrão é suposto ser de pelo menos 15 caracteres que incluem, pelo menos, dois ou mais alfa, numérico, e caracteres especiais, para reduzir a probabilidade de compromisso.

Resposta mais completa: Aumento do comprimento e variabilidade pode ser imposta por definições de política automatizados da rede. Outra sugestão é usar senhas longas. Estes podem ser mais difícil de "quebrar" por ferramentas normais de hackers e são tipicamente mais fácil para os usuários a memorizar.

As melhores soluções são ainda quer 2FA ou MFA

Os fatores:

- 1-FACTOR: Algo que você sabe (por exemplo, senha / PIN)
- 2-FACTOR: Algo que você tem (por exemplo, dispositivo de identificação de criptografia, token)

- **MULTI-FACTOR:** Algo que você é (por exemplo, biométrica: impressão digital, íris, etc.)

3.5.8 Proibir reutilização de senha para um determinado número de gerações.

RESPOSTA MÍNIMO: Este é geralmente definida pela política e do SA designada que limitar o número de vezes que uma senha pode ser reutilizados; senhas em muitas partes do governo são obrigados a ser trocado a cada 90 dias. Esta função deve ser automatizada por pessoal de TI autorizado. reutilização sugerido de uma senha antes deve ser pelo menos 10 ou maior Resposta mais completa: Técnico configurações podem ser estabelecidas para qualquer reutilização. Isso garante que os hackers que podem ter explorado um dos outros negócios do usuário ou até mesmo (e mais especialmente) contas pessoais, pode menos probabilidade de ser eficaz contra redes de computadores corporativos e ativos.

3.5.9 Permitir o uso senha temporária para logons de sistema com uma mudança imediata para uma senha permanente.

MÍNIMO / resposta mais completa: Esta configuração é tipicamente incorporados aos sistemas operacionais normais da rede. Este requisito para os usuários devem ser adequadamente incluído no guia de procedimento recomendado.

3.5.10 loja e só transmitem criptografado representação de senhas.

RESPOSTA mínima: Isto é tanto uma DIT e emissão DAR, consulte Controle 3.1.3 para obter um diagrama conceitual. O pessoal de TI deve ser regularmente verificando que armazena dados de senha são sempre criptografados.

Este controle requer que todas as senhas são criptografadas e aprovado pelo processo sancionado do NIST sob FIPS 140-2. Consulte Controle de 3.13.11 para o site do NIST para confirmar se uma solução criptográfica é aprovado.

Mais completa resposta: Sugestão de maior proteção poderia exigir senhas criptografadas não são colocados no mesmo servidor de aplicativos ou de banco de dados principal que armazena grandes porções de repositório de dados da empresa. Um servidor separado (física ou virtual) poderia impedir façanhas de hackers acessem armazenamentos de dados da empresa.

3.5.11. realimentação obscura de informações de autenticação.

MÍNIMO / resposta mais completa: Este é como esconder padrão tal como descrito em 3.1.10 Controlo. O sistema deve impedir que pessoas não autorizadas de comprometer a autenticação em nível de sistema por, inadvertidamente, observando in-pessoa ("shoulder surfing") ou virtualmente (por ver entradas de senha por usuários privilegiados) remotamente. Ele baseia-se obscurecendo o "retorno de informações de autenticação", por exemplo, exibir asteriscos (*) ou símbolos cardinal (#) quando um usuário digita sua senha. Essa configuração deve ser executada de forma automática e evitar que os usuários gerais de alterar essa configuração.

RESPOSTA INCIDENTE (IV)
O que você faz quando você é atacado?

Resposta a Incidentes (IR) requer um plano basicamente, uma identificação de quem ou o que agência é notificado quando uma violação ocorreu e testes do plano ao longo do tempo. Este controle requer o desenvolvimento de um Plano de Resposta a Incidentes (IRP). Existem muitos modelos disponíveis on-line, e se há uma relação já existente com uma agência federal, as empresas devem ser capazes de obter modelos específicos de agência.

EVENTO→ INCIDENTE
(Menos definido / ocorrência inicial) → (Definido / confirmada / impacto elevado)

Espectro de Resposta a Incidentes

O primeiro esforço deve ser identificando-se com representantes do governo o que constitui um evento reportável que se torna formalmente um incidente. Isto poderia incluir uma violação confirmou que ocorreu à infra-estrutura de TI. Incidentes pode incluir qualquer coisa a partir de uma negação de serviço (DOS) ataque em uma sobrecarga de virada para fora da web ou servers-- mail ou exfiltração de dados onde CUI / CDI e dados corporativos tem sido copiado ou movido para fora do firewall da empresa / perímetro. Incidentes também poderia incluir a destruição dos dados que a equipe de TI da empresa, por exemplo, identifica por meio de atividades de auditoria em curso.

Em segundo lugar, quem você notificar? Você alertar o seu atribuído Contrato Diretor-Representante (COR), o Escritório de Contratos, do DOD US Cybercommand em Fort Meade, MD, ou, eventualmente, o Departamento de Segurança Interna (DHS) Computer Emergency Response Team (CERT) (https://www.us-cert.gov/forms/report)? representantes da empresa terá que pedir sua COR atribuído onde arquivar governo relatórios "incidente" padrão. Eles devem ser capazes de fornecer modelos e formulários específicos para a agência.

Finalmente, este controle de segurança vai exigir testes pelo menos anualmente, mas mais frequentemente é recomendado. Até confortável com o IR "relatando cadeia", prática, prática, prática.

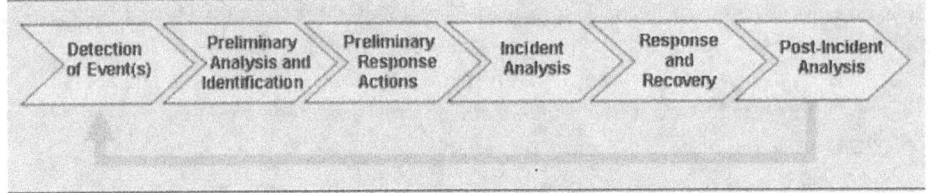

DOD do Cyber Incident do Ciclo de Vida. Este diagrama do DOD é um exemplo representativo de um típico "ciclo de vida de resposta a incidentes." Destina-se a ajudar na abordagem da empresa para atividades de RI, e melhor auxiliar na coordenação com as organizações de resposta a incidentes de segurança cibernética do governo. Reconhecendo isso tanto como um "evento" (não necessariamente uma ocorrência negativa) versus um "incidente" é uma determinação interna por liderança da empresa em coordenação com a sua segurança e de TI equipes de profissionais. Um incidente exige especificamente alertando o governo, logo que a intrusão é reconhecido.

Verifique com a respectiva agência de seus padrões de relatórios. Normalmente, os eventos podem não devem ser comunicadas com base nos impactos expansivo e cargas de trabalho para organizações de resposta de segurança cibernética do governo. No caso de incidentes, o padrão é de 72 horas; no entanto, a recomendação é o mais cedo possível devido aos potenciais impactos para além própria infra-estrutura de TI da empresa. Ela pode representar uma ameaça direta graves para a agência federal ambientes de TI. Sempre verificar isso com o representante do Contrato Escritório atribuído.

O gráfico abaixo categoriza DOD corrente e DHS designações comuns de precedência. Ele fornece uma categorização padrão para eventos identificados e, normalmente, a precedência é usada para identificar o nível de ação e de resposta dependendo da precedência "gravidade".

Precedence	Category	Description
0	0	Training and Exercises
1	1	Root Level Intrusion (Incident)
2	2	User Level Intrusion (Incident)
3	4	Denial of Service (Incident)
4	7	Malicious Logic (Incident)
5	3	Unsuccessful Activity Attempt (Event)
6	5	Non-Compliance Activity (Event)
7	6	Reconnaissance (Event)
8	8	Investigating (Event)
9	9	Explained Anomaly (Event)

DOD Precedência Categorização. Nove (9) é o menor evento onde pouco se sabe, e pessoal de TI estão tentando determinar se esta actividade deve ser elevado para alertar a liderança da empresa ou para "fechá-lo fora." Um (1) é um ataque profundo. Ele identifica que o incidente teve acesso "root". acesso root pode ser interpretado como que o intruso tem acesso completo aos níveis de segurança mais restritivas de um sistema. Este tipo de acesso geralmente é interpretado para ser concluído e acesso irrestrito à rede e os dados da empresa.(FONTE: Manipulação do Cyber Incident Programa, CJCSM 6510.01B, 18 de dezembro de 2014, http://www.jcs.mil/Portals/36/Documents/Library/Manuals/m651001.pdf?ver=2016-02-05-175710-897)

Requisitos Básicos de Segurança:

3.6.1 Estabelecer uma capacidade de tratamento de incidente operacional para sistemas de informação organizacionais que inclui uma preparação adequada, a detecção, a análise, de contenção, de recuperação, e as actividades de resposta do utilizador.

RESPOSTA mínima: Este controle aborda uma "capacidade" que precisa ser estabelecida para responder a eventos e incidentes no limite de segurança de TI da empresa.

Isto deve incluir as Pessoas, Processos e Tecnologia Modelo (PPT) como um guia recomendado para responder a muitos dos controles dentro NIST 800-171. Enquanto as soluções não necessariamente exigem uma resposta tecnológica, a consideração das pessoas (por exemplo, quem? Que habilidade conjuntos? Etc.) e processo (por exemplo, as notificações para a gerência sênior, os fluxos de trabalho de ação, etc.) se reunirá muitos dos requisitos de resposta.

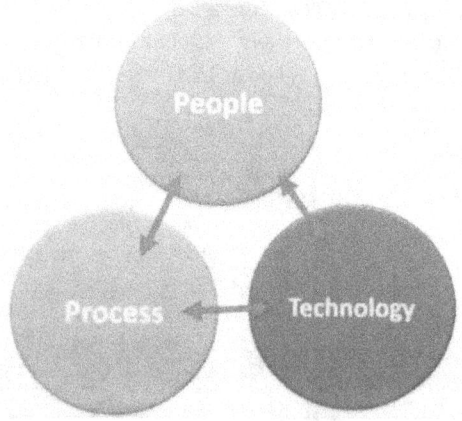

PPT modelo

Use o ciclo do Cyber Incident Vida acima para orientar artefato / procedimento de tratamento de incidentes operacional da empresa. Este deve ser um anexo ao SSP. (Veja Plano de Sistema de Segurança (SSP) Modelo e pasta de trabalho: um suplemento para Compreender sua responsabilidade Conheça NIST 800-171 em Amazon®). O Modelo PPT pode ser usado para orientar e formular o anexo IRP. A abordagem sugerida usando o modelo PPT é descrito abaixo, e inclui os tipos de perguntas que devem ser respondidas para demonstrar melhor a melhor forma de formular uma boa IRP:

- Preparação
  - Pessoas: Quem vai executar a ação ou atividade? Treinamento necessário? Conjunto de habilidades?
  - As políticas de formação para a segurança cibernética e profissionais de TI para apoiar o IRP: Processo
  - Tecnologia: O que a tecnologia já existe para apoiar IR? Que tecnologias são necessárias?

- Detecção
  - Pessoas: São a equipe de TI capaz de usar ferramentas de auditoria adequadamente para detectar intrusões?
  - Processo: Quais são as abordagens 'melhores práticas' para detectar intrusões? Monitorar logs de firewall? Monitorar a atividade do usuário?
  - Tecnologia: É biblioteca de dados atual da tecnologia? São atualizações automáticas ativado?

- Análise
  - Pessoas: São a equipe de TI capaz de fazer a análise necessária? eles podem determinar a atividade falso positivo?
  - Processo: O que é a liderança processo quer obter dados eficazes e acionáveis de equipe de TI? Quais são as exigências de prazos de notificação imediata e final?
  - Tecnologia: São as ferramentas certas no local? Pode abrir soluções fonte / web útil? Pode departamentos de defesa ou DHS fornecer dados votos alimenta a permanecer atual de ameaças?

- Contenção
  - Pessoas: Pode a equipe de TI parar o ataque em curso? Eles exigem habilidades adicionais de script de codificação para construir políticas de firewall / atualizar?
  - Processo: O processo de contenção eficaz? Está permitindo que o ataque continuar a identificar a entidade ameaça / localização uma boa idéia (para apoiar a aplicação da lei)?

- Tecnologia: Pode ferramentas de software de quarentena e parar um ataque de malware? Está fechando todas as conexões externas uma boa solução imediata (no firewall)?

- ações de recuperação
  - Pessoas: Pode a equipe de TI recuperar arquivos de dados de backup e mídia?
  - Processo: Qual é a ordem de recuperação? Traga-se bancos de dados internos e comunicações em primeiro lugar e servidores externos (e-mail e web site) ser restabelecida mais tarde? Quais são os padrões de tempo de recuperação para a empresa para recuperar as operações de negócios? O que é aceitável? O que não é aceitável?
  - Tecnologia: Há um número suficiente de dispositivos de back-up para sistemas críticos? Pode prestadores de serviços de terceiros auxiliar na recuperação de dados perdidos ou danificados?

- Atividades de resposta do usuário
  - Pessoas: Os funcionários podem retornar com segurança para um estado operacional?
  - Processo: Será que a empresa precisa para controlar o acesso aos serviços para selecionar indivíduos primeira (por exemplo, finanças, logística, etc.)
  - Tecnologia: Pode a tecnologia resolver problemas imediatos do vice-recuperação do empregado, como, por exemplo, impressoras reselecting e outras conexões de dados?

Resposta mais completa: Nas situações em que o controle é especificamente discutindo uma solução política, o emprego de ferramentas automatizadas, alertas, etc., deve ser sempre considerada. Mesmo o uso de ferramentas básicas de rastreamento, como o Microsoft ® Excel ® e acesso ®, pelo menos, demonstrar um nível de controle positivo sobre o ambiente de TI.

3.6.2 Track, documentos e relatórios de incidentes para as autoridades competentes e / ou autoridades internas e externas à organização.

RESPOSTA MÍNIMO: Este controlo discute os requisitos de relatórios com base na gravidade do incidente, como descrito acima no diagrama de precedência Categorização do DOD. Certifique-se de algum tipo de repositório é mantido que um auditor pode rever a qualquer momento. Outro lembrete é que esta informação deve ser garantido e encriptada pelo menos ao nível CUI / CDI.

Resposta mais completa: Uma resposta mais completa pode incluir um repositório do servidor computador dedicado que pode ser fisicamente desligado do sistema quando não for necessário. Isso poderia impedir o acesso não autorizado se um intruso está tentando realizar a coleta de informações ou de reconhecimento do sistema; este negaria intrusos informações de rede crítica e adicionar confusão para suas atividades de penetração.

Requisitos de segurança derivados:

3.6.3 testar a capacidade de resposta a incidentes organizacional.

RESPOSTA mínima: Testar o Plano de IR pelo menos anualmente. Isto deve incluir ambos os exercícios de penetração fictícias internos e externos. Estes podem incluir comprometida informações de login e senhas fornecidas ao pessoal de TI designados. Garantir os resultados do teste são documentados, revisados e assinados pela alta administração. Um evento teste IR deve ser mantida por qualquer auditoria futura.

Resposta mais completa: Esta não é uma exigência deste controle e apresenta muitos riscos para o ambiente de TI. Não recomendamos esta solução; isso só seria necessária com base na sensibilidade dos dados e testes de penetração (pentest) é dirigido pelo governo. Ele só é oferecido por mais de uma apreciação da complexidade que uma pentest implica.

A solução mais cara é a contratação de uma empresa externa Teste de Invasão (pentest). Certifique-se que Rules of Engagement (ROE) estão bem estabelecidos. Regras que devem ser afirmados por tanto a empresa quanto o pentester, por exemplo, é que nenhuma mudança inadvertida ou destruição de dados está autorizado. A empresa pentest também pode exigir um termo de responsabilidade por qualquer dano não intencional causada pelo pentest. Sempre coordenar com profissionais jurídicos com experiência em tais assuntos para evitar qualquer dano ou confusão criada pelas expectativas pouco claras de um pentest.

MANUTENÇÃO (MA)
Como você cuidar dele?

A segurança MA é relativamente fácil de resolver no que diz respeito aos requisitos de NIST 800-171. Este controle requer processos e procedimentos que fornecem supervisão de fornecedores de terceiros que oferecem TI manutenção e suporte. Enquanto isto pode parecer vagamente paranóico, a empresa é obrigada a exercer o controle de todo o pessoal de manutenção que potencialmente terão acesso a da empresa e do governo do residente CUI / CDI e dados. Isso também irá normalmente exigem escoltas empresa cujo fundo foram devidamente verificado e autorizado para supervisionar trabalhadores externos.

Falta de manutenção ou a falta de manutenção pode resultar na divulgação não autorizada de CUI / CDI. A plena implementação desta exigência é dependente da finalização da proposta de regulamento CUI / CDI federais e orientação marcação no Registro CUI. (Os requisitos de marcação foram concluídos, e que é melhor para se referir ao Registro, https://www.archives.gov/cui/registry/category-list, Para os códigos da indústria especificados.) Estas marcações devem ser aplicados aos dados CUI negócios / CDI, bem como hardware de TI, tais como servidores, desktops, laptops, etc.

Requisitos Básicos de Segurança:

3.7.1 Realizar manutenção em sistemas de informação organizacional.
RESPOSTA MÍNIMO: Este deve descrever os procedimentos de manutenção da empresa para a sua infraestrutura de TI. Isto poderia incluir tanto as equipes de manutenção internos ou empresas de terceiros. Isto incluirá reparos de componentes de hardware e substituições, reparos de impressora, etc. Todos os acordos de manutenção devem ser fornecidas como artefatos para apoiar um pacote de autorização.

MAIS COMPLETO RESPOSTA: Manutenção poderia incluir a identificação de peças de hardware de computador no local ou em locais armazém da empresa. sobressalentes operacionais devem ser geridos por pessoal de logística da empresa; eles devem ser capturados dentro do banco de dados do livro de propriedades e sua cópia impressa associada relatar à alta administração.

3.7.2 Fornecer controles eficazes sobre as ferramentas, técnicas, mecanismos e pessoal utilizado para realizar a manutenção do sistema de informação.
RESPOSTA MÍNIMO: Este controlo relaciona-se com as ferramentas utilizadas para diagnósticos e reparos de sistema de TI / rede da empresa. Essas ferramentas incluem, por exemplo, equipamentos de hardware / software de diagnóstico de teste e sniffers de hardware /

software. O acesso às ferramentas de hardware devem ser fixados em recipientes com chave, e só acessados por pessoal autorizado.

No caso de ferramentas de software, eles devem ser restrito ao pessoal com direitos de usuário privilegiado e, especificamente auditados quando qualquer uso é exigido ou necessário.

Resposta mais completa: sugerida controlo adicional pode incluir requisitos de integridade de duas pessoas. Isso exigiria que, quando qualquer um destes tipos de ferramentas são utilizados, deve haver pelo menos duas pessoas autorizadas envolvidas em qualquer manutenção do sistema ou atividades de diagnóstico.

Requisitos de segurança derivados:

3.7.3 equipamentos Assegurar removido para manutenção fora do local é higienizado de qualquer CUI.

MÍNIMA RESPOSTA: Dados da empresa deve ser apoiada-up localmente e garantiu para um futuro reinstalar em outro dispositivo de armazenamento ou na retornou / reparado componente de TI. Além disso, os dados devem especificamente ser "varrido" por uma aplicação padrão da indústria para a eliminação de dados. Existem muitas ferramentas de software que realizam vários "passes" de dados limpa para garantir a desinfecção dos meios de comunicação.

Resposta mais completa: Todos os relatórios produzidos pelo programa de dados "limpeza" poderia ser capturado em um log de dados equipamento de fornecer a prova da ação. Manter uma cópia impressa da planilha cópia eletrônica ou banco de dados de log seria útil. futuras inspecções por parte do governo pode verificar este procedimento para confirmar a aplicação contínua e repetibilidade deste procedimento.

3.7.4 verificação de mídia contendo programas de diagnóstico e teste para o código malicioso antes de os meios de comunicação são usados no sistema de informação.

RESPOSTA MÍNIMO: A solução normal para esta é a realização de uma varredura usando aplicações corporativas de software anti-vírus.

Resposta mais completa: Uma solução mais completa incluiria o uso de um aplicativo anti-malware. programas anti-malware são mais abrangentes e monitorar proativamente os terminais, ou seja, computadores, laptops, servidores, etc. (Anti-virus nem sempre é projetado para identificar e limpar malware, adware, minhocas, etc., a partir de dispositivos de armazenamento infectadas).

3.7.5 exigir autenticação multifactorial para estabelecer sessões de manutenção não locais através de conexões de rede externa e terminar tais ligações quando a manutenção não local é completa.

RESPOSTA mínima: manutenção não-locais são aquelas atividades de diagnóstico ou de reparação realizados ao longo de comunicações de rede para incluir a Internet ou menos circuitos dedicados.

Isto requer que quaisquer atividades de manutenção de terceiros externos usam alguma forma de autenticação de múltiplos fatores (MFA) para acessar diretamente componentes empresa de hardware e software de TI. Se o pessoal de TI, trabalhando com mantenedores fora pode usar uma solução MFA, em seguida, a empresa provavelmente tem uma capacidade de suporte de TI robusta. Se não, então este controle é um bom candidato para um poam precoce; garantir bons marcos são estabelecidos para análise mensal, por exemplo, "investigação em curso", "pesquisa de soluções potenciais candidatos mercado", "identificação de fontes de financiamento", etc.

Resposta mais completa: uma resposta mais completa requer uma solução técnica. Como discutido anteriormente, a utilização da CAC, cartões de PIV, ou sinais, tal como o RSA ® rotativa dispositivos de criptografia keying são soluções ideais. Esta solução provavelmente irá exigir abordagens de análise e de financiamento adicional para selecionar a resposta mais adequada.

RSA token (R)

3.7.6 Supervisionar as atividades de manutenção de pessoal de manutenção, sem autorização de acesso necessário.

RESPOSTA MÍNIMO: A exigência procedimento deve refletir que o pessoal de manutenção não-empresa deve sempre ser escoltado. Um log de acesso deve ser mantida, e deve incluir, por exemplo, o indivíduo ou indivíduos, a empresa representada, o equipamento reparado / diagnosticados, os horários de chegada e saída, e com a escolta atribuído. Manter este hard-cópia dos registros de cópia macio para fins de auditoria futuras.

MAIS resposta completa: Procedural melhorias poderiam incluir confirmou verificação de antecedentes de mantenedores de terceiros e identificação de imagem em comparação com o indivíduo no local. Essas melhorias adicionais deve basear-se a sensibilidade dos dados da empresa. Qualquer CUI automática / CDI dados devem sempre ser assegurado por CUI / procedimentos de em um recipiente com fecho CDI.

PROTECÇÃO DE MEIOS (MP)
Criar, proteger e destruir

O controle MP foi escrito para lidar com os desafios de gerenciar e proteger o armazenamento de mídia de computador CUI / CDI. Isto incluiria as preocupações dos governos sobre discos rígidos removíveis e, especialmente, a capacidade de uma ameaça empregar o uso de um Universal Serial Bus (USB) 'pen drive'.

Tópico Especial: Política USB DOD
A UNIVERSAL SERIAL BUS (USB) OU PEN DRIVE, PROPORCIONANDO UMA GRANDE FLEXIBILIDADE PARA MOVER DADOS DE E PARA ARMAZENAMENTOS DE DADOS DO SISTEMA, ELES TAMBÉM SÃO OS PRINCIPAIS MEIOS DE INJETAR SOFTWARE MALICIOSO, COMO VÍRUS E RANSOMWARE EM LIMITE DE SEGURANÇA DE UMA EMPRESA. DOD PROÍBE O USO USB EM AMBIENTES DOD. É FUNDAMENTAL PARA LIDAR COM O BOM ATENDIMENTO E USO DESTES EM UMA EMPRESA

Enquanto a maioria dos usuários de computador estão conscientes da conveniência do pen drive para ajudar a armazenar, transferir e manter os dados, ele também é um vetor de ameaça bem conhecida onde os criminosos e ameaças estrangeiras podem apresentar sérios malware e vírus em computadores de usuários inocentes; o DOD, em particular, a sua utilização impede, exceto em casos muito específicos e controlados.

MP é também sobre garantias pela empresa que a destruição adequada e sanitização de dispositivos de armazenamento velhos ocorreu. Há muitos casos em que as agências federais não tenham implementado um processo de higienização eficaz e divulgação inadvertida de dados de segurança nacional foi lançado para o público. Os casos incluem empresas de salvamento descobrir discos rígidos e computadores dispostos contendo CUI / CDI e, em vários casos, a segurança nacional de informação classificada, ocorreu.

Ser especialmente consciente de que o processo de sanitização exige que a indústria de alta qualidade ou aplicativos aprovados pelo governo que completamente e efetivamente destrói todos os dados na unidade de destino. Outros processos podem incluir a destruição física da unidade de destruição ou métodos que impedem ainda a reconstrução de quaisquer dados virtuais por pessoal não autorizado.

Requisitos Básicos de Segurança:

3.8.1 Protecção (isto é, controlar fisicamente e armazenar de forma segura) meios sistema de informação contendo CUI, tanto em papel e digital.

RESPOSTA mínima: Para implementar este controle o negócio deve estabelecer procedimentos relativos ambas / (unidades de disco) físicos e virtuais CDI media CUI. Isto deve incluir apenas pessoas autorizadas tenham acesso a dados sensíveis individuais e corporativos com necessárias verificações e formação de fundo. Uma empresa pode usar as bases de outras famílias de controle para atenuar ou reduzir os riscos / ameaças.

FUNDAÇÃO DE GESTÃO DE RISCOS:

MITIGAR OU REDUZIR, E NÃO A ELIMINAÇÃO DO RISCO OU AMEAÇA

Uma empresa pode usar outros controles, como mais treinamento, mais tempo de retenção do log de auditoria, mais guardas, ou mais senhas complexas para mitigar qualquer controle. Este seria mais claramente demonstrar ao governo que a empresa tem uma implementação positiva destes controles de segurança.

O uso de outros controlos atenuantes dentro NIST 800-171 são especificamente sobre a redução do risco. Qualquer esforço para usar outras famílias de controles para atender um controle específico melhora a postura de segurança da infra-estrutura de TI em geral e é altamente recomendado.

Resposta mais completa: O controlo de MP pode ser adicionalmente demonstrada por salvaguarda arquivos físicos em cofres seguros ou resistentes ao fogo. Isso também poderia incluir requisitos para apenas o pessoal de TI que emitem recibos propriedade mão para equipamentos de computador ou dispositivos; um bom sistema de prestação de contas é importante.

3.8.2 Limitar o acesso CUI em mídia sistema de informação para os usuários autorizados.

RESPOSTA mínima: Identificar em documentos políticos que, por nome, título ou função, tem acesso especificado CUI / CDI. Quaisquer artefatos devem incluir o documento de política e um roster associados por nome de pessoal de acesso por sistema, por exemplo, o sistema de contabilidade, sistema de encomendar, repositório de patentes, registros médicos, etc. atribuídos

Resposta mais completa: Uma resposta mais completa poderiam incluir o registro de pessoal autorizado e fornecer uma impressão de acessos ao longo de um período de um mês.

3.8.3 Sanitize ou destruir informação media sistema contendo CUI antes do descarte ou liberar para reutilização.

RESPOSTA MÍNIMO: Uma boa descrição da política é uma obrigação sobre a destruição de dados de informações sensíveis dentro do governo. Ou usar um programa de nível comercial "limpando", ou destruir fisicamente a unidade.

Se a empresa é ou planejamento para reutilizar ou vender para empresas Repurposing fora internamente, garantir que a limpeza é da classe comercial ou aprovados pelo governo. Existem empresas que prestam serviços de destruição de disco ou de destruição. Fornecer quaisquer acordos de serviço que deve especificar o tipo eo nível de destruição de dados para assessores do governo.

Resposta mais completa: Para qualquer avaliação, a empresa sanitização mídia deve fornecer certificados de destruição. Escolheu diversos certificados de destruição selecionada para incluir na apresentação BOE. Normalmente, logística e seções de pedidos de fornecimento da empresa deve gerenciar como parte do processo de Supply Chain Gestão de Risco (SCRM).

Supply Chain Management Riské algo relativamente novo dentro do governo federal, mas é uma grande preocupação para o governo. É parte de garantir produtos de TI dentro da empresa.

Perguntas que devem ser considerados incluem:

- Este produto é produzido por os EUA ou por um aliado?
- Poderia falsificar TI itens ser comprado de entidades menos do que respeitáveis?
- É este produto TI a partir de uma lista de produtos de hardware / software aprovado?

Para mais informações consulte NIST 800-161, Práticas de Sistemas e Organizações Federal Information Risk Management Supply Chain.(http://nvlpubs.nist.gov/nistpubs/SpecialPublications/NIST.SP.800-161.pdf).

Requisitos de segurança derivados:

3.8.4 Mark media com marcações CUI necessárias e limitações de distribuição.

RESPOSTA mínima: Isto inclui a marcação de ambos os documentos físicos, bem como versões de cópia macio. A melhor maneira de responder a isso é referenciando os seguintes Arquivos Nacionais e Administração registro documento (NARA) como parte do guia de procedimentos da empresa que aborda esse controle:

- *Marcação As informações não classificadas Controlada*, Versão 1.1 - 6 de dezembro de 2016. (https://www.archives.gov/files/cui/20161206-cui-marking-handbook-v1-1.pdf)

Procedimento de exemplo: Todos os funcionários da empresa irão marcar CUI / CDI, os dados físicos e virtuais, de acordo com a Arquivos e Registro Administração Nacional (NARA), Marcação As informações não classificadas controlada, Versão 1.1 - 6 de dezembro de 2016. Se houver dúvidas sobre requisitos de marcação , os funcionários se referem a estas questões ao seu supervisor imediato ou o CUI corporativo oficial / CDI."

Resposta mais completa: Isso poderia incluir uma captura de tela que mostra um representante do governo que o acesso na tela para CUI dados / CDI está devidamente marcado. A empresa também poderia atribuir uma marcação especialista CUI / CDI; essa pessoa deve ser um indivíduo com experiência em segurança antes e familiarizado com os requisitos de marcação. Por exemplo, essa pessoa poderia, adicionalmente, fornecer sessões trimestrais "saco marrom", onde o "CUI / CDI Security Officer" oferece treinamento durante as sessões na hora do almoço. Seja criativo ao considerar meios mais completos para reforçar os requisitos de controle de segurança cibernética.

3.8.5 Controlo de acesso aos meios de comunicação contendo CUI e manter a responsabilidade para os meios durante o transporte fora de zonas controladas.

RESPOSTA mínima: Este controle é sobre isso também é uma questão de apenas autorizados indivíduos (correios) ser autorizada por cheques posição, treinamento e segurança que devem ser considerados quando a empresa precisa para transportar CUI / CDI "transporte fora das áreas controladas." externa à sua localização típica corporativa.

Os indivíduos devem ser fornecidas cartões de correio ou ordens que são assinados por um representante da empresa autorizado tipicamente responsável pela supervisão das questões de segurança. Isto poderia ser, por exemplo, o diretor corporativo de segurança, Information Manager System Security (ISSM), ou o seu representante designado. Estes indivíduos devem ser prontamente conhecidos por outros funcionários e gerentes que têm exigido para mover CUI / CDI para locais fora. Isto demonstraria que há disponível e pessoal de plantão baseado na missão e as prioridades de negócios. Isso também deve ser um quadro reduzido de pessoal que a gestão se baseia em para tais serviços de correio externos.

Resposta mais completa: A empresa pode contratar um serviço de contrato fora que transporta meios físicos e de computador contendo CUI / CDI com base na missão da empresa.

3.8.6 Implementar mecanismos de criptografia para proteger a confidencialidade dos CUI armazenados em mídias digitais durante o transporte, a menos protegida de outra forma de garantias físicas alternativas.

RESPOSTA MÍNIMO: Este é um Data at Rest (DAR) questão. Veja Controle 3.1.3 para representação. A recomendação é que todos CUI / CDI precisa ser criptografado. Uma aplicação comum que tem sido utilizada é BitLocker ®. Ele fornece proteção por senha para "bloquear" qualquer mídia transportável. Não é a única solução, e há muitas soluções que podem ser usados para proteger DAR.

O comprimento da chave de 256 bits é o padrão comum para aplicações de criptografia comerciais e governamentais para discos rígidos, drives removíveis, e até mesmo dispositivos USB. O governo exige DAR deve ser sempre criptografados; é melhor recursos e ferramentas de pesquisa aceitáveis que o governo apoia e reconhece.

Resposta mais completa: A reforçando deste controlo pode incluir o uso de medidas de segurança física melhoradas. Isto poderia incluir endurecido e estojos com chave. Apenas funcionários autorizados deve transportes designado CUI / CDI. Isso também deve ser capturado no BOE submetido.

3.8.7 Controlar o uso de mídia removível em componentes de sistemas de informação.

RESPOSTA mínima: Identificar na política corporativa os tipos e tipos de mídias removíveis que podem ser conectados a computadores desktop e laptop fixos. Estes poderiam incluir discos rígidos externos, drives ópticos, ou pen drives USB.

Recomendamos que polegar unidades não são utilizados; se necessário, em seguida, designá-lo pessoal de segurança que pode autorizar seu uso restrito. Isto também deve incluir anti-virus / scans de malware antes de seu uso.

Resposta mais completa: unidades de mídia Removeable pode ser "bloqueado" por mudanças nas configurações de registro do sistema; o pessoal da empresa de TI deve ser capaz de impedir que tais dispositivos designados de acessar o computador e acessar a rede da empresa.

3.8.8 Proibir o uso de dispositivos de armazenamento portáteis, quando esses dispositivos não têm dono identificável.

RESPOSTA mínima: Isto deve ser estabelecida no procedimento da empresa. Se tais dispositivos são encontrados, eles devem ser entregues para a segurança, e digitalizada imediatamente para qualquer vírus, malware, etc.

Resposta mais completa: Como descrito no controle 3.8.7, o pessoal de TI podem bloquear dispositivos não autorizados de anexar ao computador / rede, atualizando as definições de registo.

3.8.9 Proteger a confidencialidade de apoio CUI em locais de armazenamento.

RESPOSTA MÍNIMO: Este é um Data at Rest (DAR) questão. Veja Controle 3.1.3 para uma representação. Veja Controle 3.8.6 para os requisitos sugeridos para a protecção dos CUI / CDI sob uma solução DAR.

Resposta mais completa: Veja Controle 3.8.6 para meios adicionais para proteger CUI / CDI.

PESSOAL DE SEGURANÇA (PS)
Verificação em segundo plano

Este é um controle relativamente simples. Ele provavelmente já está implementado dentro da empresa e requer apenas documentos processuais são fornecidos na apresentação. Isto deve incluir tanto verificação de antecedentes civis e criminais usando uma companhia respeitável que pode processar o fundo individuais cheques por meio do Federal Bureau of Investigation (FBI). empresas Verificação de fundo pode também fazer outras formas de cheques pessoal para incluir presença na mídia social individual ou assuntos de solvência financeiros que podem evitar qualquer constrangimento futuro para a empresa.

Enquanto estas verificações não estão bem definidos para a empresa de sob NIST 800-171, deve atender aos padrões mínimos do governo para uma revisão confiança pública. Discutir com o Diretor de Contrato quais são os requisitos que eles sugerem ser cumpridos para fornecer o nível de verificação de antecedentes necessários para cumprir a exigência NIST 800-171. Além disso, é sempre melhor trabalhar com RH e especialistas legais quando a formulação de uma política de segurança pessoal para incluir os tipos e tipos de investigações estão em conformidade com o estado aplicável e lei federal nesta área.

Requisitos Básicos de Segurança:

3.9.1 indivíduos de tela antes de autorizar o acesso a sistemas de informação contendo CUI.

RESPOSTA MÍNIMO: Este controlo requer alguma forma de verificação de antecedentes ser conduzida para os funcionários. Há um número de empresas que podem fornecer verificações de antecedentes criminais e civis com base informações pessoais do indivíduo e as suas impressões digitais.

A empresa deve captar seu processo HR sobre verificações de fundo no documento procedimento da empresa de segurança cibernética. Também é importante abordar quando um novo inquérito é necessária. A sugestão é pelo menos a cada 3 anos ou no momento do reconhecimento por parte dos gestores de potenciais ocorrências legais que podem incluir problemas financeiros, violência doméstica, etc. Esse controle deve ser altamente integrado com o RH da empresa e políticas legais.

Resposta mais completa: Algumas empresas de fundo pode, por uma taxa adicional, realizar monitoramento ativo dos indivíduos quando grandes mudanças pessoais ou financeiros ocorrem na vida de uma pessoa. empresa atualização guias processuais com todos os detalhes do processo estabelecido da empresa.

3.9.2 Assegurar que CUI e sistemas de informação contendo CUI são protegidos durante e após ações de pessoal, tais como terminações e transferências.

RESPOSTA mínima: Este controle é sobre os procedimentos quanto à possibilidade de rescisão é amigável ou não. Sempre tem termos claros sobre a não-remoção de dados corporativos e CUI / CDI após a saída da empresa para incluir bases de dados, listas de clientes, e dados proprietários / IP. Isto deve incluir implicações legais por violação da política.

MAIS resposta completa: A solução técnica pode incluir monitoramento por equipe de TI de toda a atividade conta durante o período de processamento de fora. Isso também poderia incluir conta lock-out imediatos sobre a data de saída. recomendamos também que há mudanças para todas as combinações vault, construção de acessos, etc., que o indivíduo teve acesso específico para durante o seu mandato.

Requisitos de segurança derivados: Nenhum.

Protecção física (PP)
Guardas e fossos ....

A segurança física é parte de proteção geral de uma empresa de seu povo e instalações. Um fato pouco conhecido é que o princípio orientador para qualquer profissional de segurança cibernética verdade é proteger a vida ea segurança das pessoas apoiadas. Este controle também sobre a proteção de danos aos ativos corporativos, instalações ou equipamentos; isto inclui qualquer perda ou destruição do equipamento informático material conseguido pelo controlo de segurança PP. Isto controla os endereços a segurança física que também inclui elementos como guardas, sistemas de alarme, câmeras, etc., que ajudam a empresa a proteger seus dados confidenciais da empresa e, claro, a sua NIST 800-171 CUI.

Não há limites sobre como endurecer de uma empresa "muralhas do castelo", mas para qualquer proprietário, o custo é sempre uma consideração importante. Proteger vital CUI / CDI embora aparentemente expansiva sob esse controle permite flexibilidade razoável. Mais uma vez, a empresa deve razoavelmente definir o seu sucesso no âmbito do controlo NIST 800-171. "Sucesso" pode ser definida a partir do ponto da empresa de vista sobre a complexidade ou custo, mas deve estar preparado para defender qualquer proposta de solução para os assessores do governo.

Requisitos Básicos de Segurança:

acesso físico 3.10.1 Limit to sistemas organizacionais de informação, equipamentos e respectivos ambientes operacionais para pessoas autorizadas. RESPOSTA mínima: De importância para este controle, é limitar o acesso a servidores de dados corporativos, dispositivos de backup e, especificamente, o "fazenda computador" Se a empresa está mantendo dispositivos nas suas instalações, então a política deve abordar que autorizou o acesso a tão sensível áreas.

Se a empresa é usar um off-site Service Provider Cloud (CSP), a captura em parte ou seções completas de quaisquer acordos de serviço CSP específicas para medidas de segurança física. Ambos os tipos de arquiteturas de computadores deve abordar, por exemplo, áreas de interesse, como logs de acesso, após horas de acesso, monitoramento de câmeras, acesso não autorizado relatórios critérios, tipos e tipos de dispositivos de defesa de rede, como detecção de intrusão e sistemas de prevenção (IDS / IPS), etc., como parte do procedimento corporativo.

Resposta mais completa: Isto poderia incluir o alerta ativo para gerência e pessoal de segurança que inclui telefonemas, e-mail alertas ou mensagens de texto SMS para o pessoal de segurança da empresa designados. medidas de segurança e limiares de alerta deve ser impulsionada pela sensibilidade dos dados armazenados. A gerência deve fazer determinações com base no risco do custo e retorna sobre a eficácia para conduzir a política corporativa para este controle, bem como outras soluções.

3.10.2 proteger e monitorar a instalação física e infra-estrutura de suporte para os sistemas de informação.

MÍNIMO / resposta mais completa: Este controle pode ser abordada de várias maneiras por medidas de segurança física. Isto deve incluir portas trancadas, fechaduras cifra, cofres, câmeras de segurança, forças de guarda, etc. Este controle deve ser respondida pelo proteções físicas atuais que impedem a entrada directa para a empresa e o acesso físico aos seus dispositivos de TI e redes.

 Requisitos de segurança derivados:

3.10.3 Escort visitantes e visitante monitor de atividade.

RESPOSTA MÍNIMO: Muito como descrito sob o controlo MA acima, como medidas de segurança, tal como descrito em 3.7.6 Controlo deve ser empregue.

MAIS resposta completa: Além disso, consulte Controle 3.7.6 em maiores medidas de segurança que podem ser usados para demonstrar o cumprimento mais completo com este controle.

3.10.4 Manter logs de auditoria de acesso físico.

MÍNIMO ANSWER / MAIS COMPLETA: Consulte Controle 3.7.6 para os itens do log de auditoria sugeridas. Isto deve resolver o pessoal durante o funcionamento e após a entrada hora para a empresa e suas instalações de TI. Isto deve incluir registros específicos para fora fornecedores terceirizados e subcontratados; tais procedimentos devem também aplicar-se aos indivíduos que não são empregados diretos.

3.10.5 Controle e gerenciar dispositivos de acesso físico.

RESPOSTA MÍNIMO: Este controlo exige que os dispositivos de acesso físico, tais como cartões de segurança, combinações, e chaves físicas são geridos através de ambos procedimento e logs (físicos ou automatizado). A empresa precisa demonstrar ao governo suas medidas de segurança positivas para proteger seus dados CUI / CDI. Embora este controle pode parecer mais fácil do que as configurações de controle de política técnicos utilizados pela empresa para seus sistemas de TI, não é menos importante.

Resposta mais completa: Se ainda não estiver no lugar, identificar e separar as funções de segurança física (por exemplo, agente de segurança instalação, etc.) das funções técnicas de segurança gerenciados pelo pessoal de TI corporativos com as habilidades e experiências necessárias. As empresas devem evitar

duty-fluência em seu pessoal de segurança cibernética e definir papéis e responsabilidades entre as suas funções de segurança clássico (por exemplo, física, segurança pessoal, etc.) e os papéis e responsabilidades de sua força de trabalho cibernético que podem reduzir a sua eficácia de ambas as áreas de segurança.

Cybersecurity força de trabalho dever-fluência é uma ocorrência no mundo real; As empresas estão sem querer mudar gerais funções de "segurança" do pessoal de segurança clássicos para profissionais de segurança cibernética criar brechas de segurança para uma empresa ou agência

---

3.10.6 Impor salvaguarda medidas para CUI em locais de trabalho alternados (por exemplo, locais de teletrabalho).

RESPOSTA MÍNIMO: (Veja Controle 3.1.3 para a explicação do DAR e DIT). Esse controle pode ser facilmente abordados por soluções de aplicação DAR. Laptops devem ser sempre protegidos por senha; este deve ser parte de qualquer documento de política de segurança cibernética central e executada por soluções técnicas implementadas por pessoal de TI da empresa. Além disso, As protecções DIT são promovidos por uma VPN e soluções 2FA / AMF.

Resposta mais completa: A companhia deverá estabelecer requisitos mínimos para a proteção teletrabalho. Isso pode incluir, por exemplo, o trabalho deve ser realizado em uma área fisicamente securable, o VPN devem ser sempre utilizados, os ativos corporativos não devem usar redes não seguras, como em cafés, restaurantes fast-food, etc. Isso também poderia incluir uma explícita acordo teletrabalho para os funcionários antes de ser autorizada a permissão teletrabalho, e deve ser estreitamente coordenada com RH e especialistas legais.

AVALIAÇÃO DE RISCOS (RA)
Lidar com mudanças na infraestrutura

O controle de RA se baseia em um processo contínuo para determinar se as mudanças no hardware, software ou arquitetura quer criar um grande efeito positivo ou negativo de segurança relevantes. Isso normalmente é feito por meio de uma Solicitação de Mudança (CR). Se um upgrade para, por exemplo, a janela 10 ® seguro Anfitrião software do sistema operacional de base, e melhora a postura de segurança da rede, uma Avaliação de Risco (AR) é necessária e análise de risco associados deve ser realizada por pessoal técnico autorizado. Isto poderia tomar a forma de um relatório técnico que a gestão aceita a partir de sua equipe de TI para aprovação ou desaprovação da mudança. Gestão, trabalhando com a sua equipe de TI, deve determinar limites quando uma atividade formal, RA precisa ocorrer.

O processo de AR proporciona um grande grau de flexibilidade durante a vida do sistema e deve ser usado quando a outra do que, por exemplo, uma nova aplicação ou manchas de segurança são aplicadas. atualizações de patches de segurança são tipicamente integrados em sistemas operacionais e aplicativos. O pessoal de TI também deve verificar regularmente manualmente para correções funcionais normais e atualizações de patches de segurança de sites das empresas de software.

efeitos "negativos" relevantes para a segurança na infra-estrutura de TI da empresa incluem, por exemplo, um grande evento re-arquitetura ou uma mudança para um provedor de serviços de nuvem. Embora esses eventos pode não parecer "negativo", padrões NIST requerem uma reavaliação completa. Em outras palavras, planeje se a empresa vai embarcar em uma grande reformulação de seu sistema de TI. Haverá uma necessidade sob estas circunstâncias a considerar os impactos a Autoridade da empresa atual para Operar (ATO). Estes tipos de evento geralmente exigem que o processo NIST 800-171 é refeito; trabalho anterior em termos de políticas e procedimentos podem ser reutilizados para receber um ATO atualizado.

A árvore de decisão a seguir é projetado para ajudar uma empresa a determinar quando a considerar um RA:

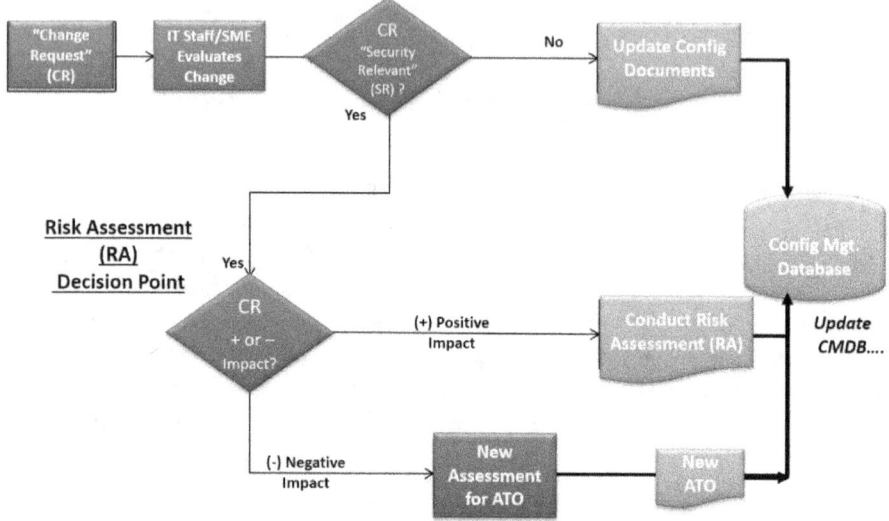

Decisão-árvore Dirigindo Avaliação de Risco & "Relevância Segurança"

Requisitos Básicos de Segurança:

3.11.1 periodicamente avaliar o risco para as operações organizacionais (incluindo missão, funções, imagem ou reputação), ativos organizacionais e indivíduos, resultante da operação de sistemas de informação organizacionais eo associado processamento, armazenamento ou transmissão de CUI.

RESPOSTA mínima: Ra são necessários quando há um "grande" mudança devido a uma alteração de hardware (por exemplo, a substituição de um firewall antigo por um novo Cisco ® firewall), atualizações de versão de software (por exemplo, passando de Adobe ® 8,0 a 9,0), ou alterações na arquitetura (por exemplo, adicionando uma nova unidade de backup). A consideração é sempre sobre como esta alteração na configuração de linha de base é ou um positivo (normal) ou negativa (de preferência, altamente improvável)?

É importante para descrever o processo RA corporativa em termos de mudança necessária e risco global para o sistema de TI. Isto deve incluir que conduz a parte técnica do RA e que, na alta administração, por exemplo, o Chief Operating Officer (COO) ou Chief Information Officer (CIO) que determina a aprovação final.

Isto é tão novo para Contratante Federal, pois é para a empresa;
entender que haverá "dores de crescimento",
Como o governo continua a definir melhor os seus procedimentos

Embora não seja amplamente discutido como parte deste livro, a integração do NIST 800-171 com contratos com o governo federal, está em sua infância. É melhor coordenar e aconselhar os Diretores contrato com o governo de quaisquer alterações. É sempre "melhores práticas" para manter um histórico do desenvolvimento RA e aprovação pela auditoria futuro.

Resposta mais completa: A implementação de um processo de AR mais definida pode incluir formatos normalizados para artefactos RA. Isto poderia incluir um relatório técnico escrito pelo pessoal de TI com conhecimento sobre uma mudança, ou uma forma simplificada que permite uma abordagem lista de verificação-like. Também poderia empregar uma empresa de terceiros fora que iria formalizar uma revisão das mudanças e sua análise do impacto global para a segurança do sistema.

Requisitos de segurança derivados:

3.11.2 Verificar se há vulnerabilidades no sistema de informação e aplicações periodicamente e quando novas vulnerabilidades que afetam o sistema são identificados.
RESPOSTA MÍNIMO:Este controle requer que a empresa (proprietário do sistema) verifica regularmente para vulnerabilidades no sistema de informação e aplicações hospedadas com base em uma freqüência definida ou de forma aleatória com base em uma política ou procedimento estabelecido. Isso também é suposto ser aplicado quando novas vulnerabilidades que afetam o sistema ou aplicações são identificados.

A maneira mais simples de resolver este controle é usar anti-vírus e empresa-níveis anti-malware de versões de software. Grandes jogadores nestas áreas incluem Symantec ®, McAfee ®, e

> **Lembrete**
>
> **Supply Chain Management Risk (SCRM)**
>
> O desenvolvedor de software baseado em russo, soluções ® Anti-vírus da Kaspersky Lab estão atualmente proibidas.

Malwarebytes ®. As peças processuais devem descrever os produtos utilizados para enfrentar "novas vulnerabilidades" usando essas soluções. Veja também sistema e informações INTEGRIDADE (SI) como um controlo de reforço para este controle RA.

Resposta mais completa: Um sugeriu a implementação mais completa pode ser a alavancagem dos serviços de ISP da empresa também é identificado por fornecer uma camada secundária de defesa como uma forma de conexão "confiável". Isto poderia incluir qualquer SLA de disponíveis que definem a capacidade do fornecedor de serviços para atenuar essas ameaças adicionais empregando whitelisting e listas negras serviços; estes serviços são projetados para permitir ou restringir o acesso de acordo com uma lista de controle de acesso (ACL). Veja 3.14.2 Controle para uma descrição mais detalhada.

3.11.3 vulnerabilidades remediar, de acordo com a avaliação dos riscos.
RESPOSTA mínima: Normalmente, anti-vírus e aplicativos de segurança anti-malware pode não só detectar, mas remover e colocar em quarentena software malicioso. Atualizar a documentação em conformidade.

Este controle também aborda "vulnerabilidades" que são criados por não cumprir um controle específico dentro das identificadas NIST 800-171 famílias. Para atender a essas atividades re-avaliação, é normal para atualizar documentação poam sistema com razões explícitas qualquer controle não for cumprido na íntegra. Isso deve tentar responder quais as soluções de mitigação são empregados? Quando, por uma data específica, a vulnerabilidade será corrigida? MAIS resposta completa: Alguns meios adicionais para melhor atender esse controle RA é através de outros serviços externos que podem apoiar os esforços de correção em curso. Isto poderia incluir a empresa ISP ou serviço de nuvem provedores. Isso também poderia incluir revisões regulares de POAMs por tanto gestão e suporte de TI pessoal da equipe, por exemplo, mensal ou trimestral.

Avaliação de Segurança (SA)

Começando contínuos de monitoramento e controle Comentários

O controle SA é sobre um processo que re-avalia o estado de todos os controles de segurança e se ocorreram mudanças exigindo atenuações adicionais de novos riscos ou ameaças. O padrão é 1/3 dos controlos são para ser re-avaliado anualmente. Isso exigiria designado pessoal de TI realizar um evento SA de aproximadamente 36-37 controles por ano. Isto deve ser capturado no que é chamado um plano ConMon. (Veja o Apêndice D, monitorização contínua: uma discussão mais detalhada é uma discussão aprofundada sobre o estado atual e futuro de Monitoramento Contínuo eo que isso pode significar para as empresas).

Monitoramento contínuoé um componente chave do quadro de protecção série cibersegurança NIST 800. É definido como "... manter a consciência permanente de segurança da informação, vulnerabilidades e ameaças para apoiar decisões de gestão de risco da organização," (NIST Publicação Especial 800-137, Segurança da Informação Monitoramento Contínuo (ISCM) para Sistemas de Informação Federal e Organizações, http://nvlpubs.nist.gov/nistpubs/Legacy/SP/nistspecialpublication800-137.pdf).

ConMon é um princípio orientador significativo para a execução recorrente de uma Avaliação de Segurança

---

Requisitos Básicos de Segurança:

3.12.1 avaliar periodicamente os controles de segurança em sistemas de informação organizacionais para determinar se os controles são eficazes na sua aplicação.

RESPOSTA mínima: Conforme descrito no parágrafo de abertura, atendendo aos requisitos básicos do controle de Avaliação de Segurança deve incluir a criação de um Plano de ConMon e uma revisão de 33% dos controles, pelo menos anualmente.

Resposta mais completa: uma execução mais completa pode incluir mais de 33% dos controles que está sendo revisto e reavaliado; sugere-se a fornecer os resultados das avaliações de segurança anuais para contratos com o governo ou seus destinatários designados.

3.12.2 Desenvolver e implementar planos de acção destinado a corrigir deficiências e reduzir ou eliminar vulnerabilidades em sistemas de informação organizacionais.

RESPOSTA mínima: Quando o controlo de segurança não está totalmente implementado pela empresa ou não reconhecida pelo governo como sendo totalmente compatível, uma poam detalhada é necessária; rever a orientação sob o controle AC para uma discussão mais detalhada sobre o que é necessário na preparação de um poam para revisão.

Conforme descrito anteriormente, este deve incluir actividades que se destinam a atender o controle em outros elementos completos ou pelo menos alavancagem físicos e virtuais de outros controles de segurança para reforçar a postura do comando em questão. A poam bem escrito que é monitorado e gerenciado serve como a base para um processo de gestão de risco forte.

> *Cibersegurança é uma liderança, não um desafio*

Resposta mais completa: As revisões regulares de gestão e pessoal de TI deve melhorar a postura de segurança cibernética da empresa. Segurança Cibernética não é apenas algo que o pessoal de segurança de TI fazer; que inclui a supervisão ativa e revisão por liderança corporativa para garantir a eficácia.

3.12.3 controles Monitor de segurança do sistema de informação em uma base contínua para garantir a eficácia continuada dos controles.

RESPOSTA mínima: Este controle pode ser respondida em termos de um Plano ConMon bem desenvolvido e executado. Descrevendo a sua finalidade e as ações de pessoal designado para realizar essa tarefa vai responder a este controle.

MAIS resposta completa: Sugestão de esforços adicionais em relação a esse controle poderia incluir ad hoc controlos locais das controles fora do processo de revisão anual. Identificar usando o Modelo PPT descrito no Controle 3.6.1, que é responsável pela realização da avaliação (pessoas), o fluxo de trabalho para avaliar adequadamente o estado atual do controle (processo), e qualquer automação de suporte que fornece feedback e relatórios de gestão (tecnologia).

1.12.4 Desenvolver, documentar e atualizar periodicamente os planos do sistema de segurança que descrevem limites do sistema, ambientes de sistema de operação, como os requisitos de segurança são implementadas, e as relações com ou conexões com outros sistemas.

RESPOSTA MÍNIMO: este controle requer que o SSP é atualizado regularmente. O SSP deve no mínimo ser revisto anualmente pela empresa designada pessoal cibersegurança / TI para assegurar sua exatidão. O SSP deve ser especificamente atualizados mais cedo se houver grandes alterações ao:

- ferragens
- Programas
- Arquitetura de Rede / Topologia

Resposta mais completa: Um meio mais completo para resolver este controle é por abordar em companhia placas de controle de mudanças. Estes são reuniões regulares quando ocorrem mudanças em hardware, software ou arquitetura. Isto deve incluir mecanismos para documentar a ocorrência de aplicação e correções de segurança. Um procedimento eficaz deve sempre abordar mudanças no sistema de TI.

Requisitos de segurança derivados: Nenhum.

SISTEMA E COMUNICAÇÕES DE PROTECÇÃO (SC)
Comunicação Externa e de Segurança Connection

A estratégia global de gestão de risco é a chave para estabelecer as soluções adequadas técnicas, bem como direção processual e orientação para a empresa. O núcleo desse controle de segurança é que estabelece a política com base em leis federais, ordens executivas, directivas, regulamentos, políticas, normas e orientações. Esse controle se concentra na política de segurança da informação que pode refletir a complexidade de um negócio e sua operação com o governo. Devem ser estabelecidos os procedimentos para a segurança da arquitetura global de TI e, especificamente, para os componentes (hardware e software) do sistema de informação.

Neste controle, muitos dos controles reforço anteriores pode ser usado para demonstrar ao governo uma compreensão mais completa do NIST 800-171 requisitos. A aparente repetição de outras soluções técnicas já desenvolvidos e guias de procedimentos podem ser utilizados como apoio a estes controlos. No entanto, é importante que os procedimentos corporativos são abordados individualmente este é para fins de rastreabilidade de qualquer potencial de auditoria atual ou futuro do trabalho da empresa pelo governo; explicações claras e alinhadas dos controles fará com que o processo de aprovação mais rápida.

Requisitos Básicos de Segurança:

3.13.1 Monitor, controle, e proteger as comunicações organizacionais (isto é, informação transmitida ou recebida pelos sistemas de informação organizacionais) nas fronteiras externas e fronteiras internas chave dos sistemas de informação.

RESPOSTA mínima: Este controle pode ser respondida no procedimento corporativo e incluem, por exemplo, auditoria ativo que verifica o acesso não autorizado, os indivíduos (externo) que tiveram inúmeros logins falhados, eo tráfego que entra na rede de endereços "lista negra", etc. a empresa deve referir-se ao seu procedimento de auditoria específico, tal como descrito em maior detalhe sob o controlo UA.

Resposta mais completa: Este controle pode ser melhor atendidos como anteriormente discutido usando firewalls "inteligentes" e avançou soluções SIEM. Embora mais caro e exigindo maior experiência técnica, liderança corporativa deve considerar. Estas soluções, embora não necessariamente rentável para o estado atual da empresa, ela deve ser considerada como parte de qualquer futuro esforço de mudança arquitetônica. Quaisquer esforços de planejamento deve considerar compras de tecnologia atuais e futuras destinadas a melhorar a postura de segurança cibernética da empresa. Veja o Apêndice D para uma descrição mais ampla de tecnologias SIEM e como eles podem tornar-se parte da infraestrutura de TI.

3.13.2 Empregar projetos arquitetônicos, técnicas de desenvolvimento de software e princípios de engenharia de sistemas que promovam a segurança da informação eficaz dentro de sistemas de informação organizacionais.

MÍNIMO / resposta mais completa: Descrevendo medidas de projeto de arquitetura de segurança eficazes pode ser tão simples como o emprego de um firewall configurado corretamente ou 2FA / MFA utilizada pela empresa. É altamente provável que a empresa média que procuram contratos com o governo será especificamente preocupados com arquiteturas básicas e seguras.

Outros elementos de mitigação que podem ser descritas para este controle pode incluir medidas de segurança física (por exemplo, uma força de guarda 24 horas, portas reforçadas fogo, e câmeras) ou medidas lista negra que impedem que aplicativos não autorizados sejam executados na rede corporativa. Consulte Controle de 3.13.10 para como 2FA opera interno ou externo à rede de uma empresa.

Requisitos de segurança derivados:

3.13.3 funcionalidade do usuário separado da funcionalidade de gestão de sistema de informação.

RESPOSTA MÍNIMO: A política não deve permitir que usuários privilegiados para usar as mesmas credenciais para acessar o seu usuário (por exemplo, e-mail e Internet pesquisas) e de usuários privilegiados acessos. Esta separação de acesso é um princípio básico de segurança de rede e se destina a dificultar tanto privilegiada e ameaças externas. (A sugeriu revisão de um controle semelhante é o Controle 3.1.4, e sua discussão sobre a segregação do princípio dever para comparação.)

Resposta mais completa: Existem soluções técnicas para automatizar esse processo. O produto, por exemplo, CyberArk ® é usado em muitas partes do governo federal para controlar e conta para a atividade do usuário privilegiado que é facilmente auditável. A capacidade de supervisionar a atividade do usuário, especialmente privilegiado deve ser facilmente auditados e revisados por representantes da empresa de segurança cibernética seniores.

3.13.4 Prevent não autorizada e involuntária transferência de informação através de recursos do sistema compartilhados.

MÍNIMA RESPOSTA: redes Peer-to-peer não é autorizada no interior muitas partes do governo, e sugere-se fortemente a rede da corporação também proíbe o seu uso. Isto é tipicamente parte da AUP e deve ser exequíveis para evitar, por exemplo, oportunidades de ameaças internas ou usado por hackers externos para obter acesso não autorizado usando credenciais de segurança de funcionários legítimos.

MAIS resposta completa: Sugerir que isso faz parte da atividade de auditoria normal, o pessoal de TI designados. Eles poderiam estar revisando os logs de auditoria para conexões não autorizadas para incluir redes peer-to-peer.

3.13.5 Implementar sub-redes para os componentes do sistema de acesso público que são fisicamente ou logicamente separadas das redes internas.

MÍNIMO / resposta mais completa: A resposta mais simples é que sub-redes reduzir a capacidade de um intruso explorar eficazmente os endereços de rede corporativa. Tem o pessoal de TI estabelecer sub-redes especificamente para o e-mail e servidores web que estão na Zona Desmilitarizada externo (DMZ) de limite de segurança da empresa; veja 3.14.2 Controle para a localização de uma DMZ em relação à rede da empresa. Algumas empresas mantêm servidores de banco de dados externos; garantir que eles também têm endereços de sub-rede estabelecidas.

3.13.6 Negar tráfego de comunicações de rede por padrão e permitir o tráfego de comunicações de rede por exceção (ou seja, negar tudo, licença por exceção).

MÍNIMO / resposta mais completa: Como Controle 3.4.8, este controle pode ser selecionado pelo pessoal de TI. Este é um controle técnico que também deve ser capturado no documento procedimento. Estas definições de rede são tipicamente definido no firewall e envolvem whitelisting (somente permitindo o acesso de exceção) e lista negra (a partir de endereços não autorizados da Internet) todos os outros para entrar na rede. (Além disso, reveja Controlo 3.14.2.)

3.13.7 dispositivos remotos Impedir que estabelecer simultaneamente ligações não-remotos com o sistema de informação e comunicação via alguma outra conexão a recursos em redes externas.

MÍNIMO / resposta mais completa: Se um empregado teletrabalho usa seu dispositivo remoto (ou seja, o computador portátil), e, em seguida, se conecta a uma conexão não-remoto (externo), que permite uma conexão externa não autorizada de existir; isso proporciona um hacker em potencial com a capacidade de entrar na rede usando as credenciais do funcionário autorizado.

É fundamental que a empresa exige que os funcionários a usar a sua conexão VPN e bloqueia qualquer conexão não segura de acessar os sistemas internos ou aplicações. O pessoal de TI precisa garantir que essas configurações estão configurados corretamente e são parte da documentação procedimento cibersegurança corporativa.

3.13.8 Implementar mecanismos criptográficos para impedir a divulgação de CUI durante a transmissão, a menos que de outro modo protegido por salvaguardas físicas alternativas.

RESPOSTA mínima: Lembre-se, este controle é de cerca de comunicações externas da rede e seu limite do sistema. Esta é uma questão DIT e está protegido pelas soluções criptográficas discutidas anteriormente; consulte Controle 3.1.3. A documentação deve refletir o tipo e nível de protecção dos dados transmitidos. Quaisquer protecções adicionais, tais como um VPN, um circuito / circuitos dedicado seguro fornecida por um transportador comercialmente contraída pode proporcionar mais segurança para as transmissões de dados da empresa.

Resposta mais completa: Melhores níveis de protecção poderia ser abordada sobre defesa em profundidade que é uma filosofia operacional atual apoiado pelo governo; camadas adicionais de segurança fornecem defesa adicional. (Ver o diagrama de "defesa em profundidade" no Controlo 3.14.2).

3.13.9 Terminar conexões de rede associados com sessões de comunicações no final das sessões ou após um período definido de inatividade.

RESPOSTA MÍNIMO: Este foi abordada no controle AC específico para a extinção completa de uma sessão. Sessões de importância sugeriu seria aqueles que, como o financeiro, RH, ou outro alojamento principais sistemas de servidores de computador definido CUI / CDI. Recomenda-se que o procedimento é atualizado especificamente para este controle re-uso de linguagem fornecida por qualquer resposta ao controle (s) discutir a rescisão de uma conexão de rede.

MAIS COMPLETO RESPOSTA: Auditoria de sessões que têm excedido pode reforçar este controle. SA e a equipe de TI pode determinar a partir de logs de auditoria que o período de tempo limite prescrito foi atendidas e cumpridas. Proporcionar uma amostra de qualquer inspector como parte do pacote final.

3.13.10 Estabelecer e gerenciar chaves de criptografia para a criptografia empregada no sistema de informação.

RESPOSTA mínima: Existem dois grandes cenários prováveis de ocorrer:

1. O uso de programas de criptografia comerciais que reside dentro da arquitetura da empresa ou é fornecido por um provedor externo "serviço gerenciado" são os cenários mais prováveis. As teclas será mantida e protegidas pela aplicação de criptografia. A empresa está a estabelecer alguma forma de solução 2FA. A chave pública seria assegurado em outro lugar na arquitetura, e a chave privada, a do empregado, residiria em um token, como cartão CAC ou outro dispositivo chave.

2. Usando uma solução 2FA com um CAC, Verificação de Identidade Pessoal (PIV) do cartão ou "token", como os produzidos pela RSA ® é provável se o governo autoriza a troca de chaves de segurança em seus sistemas com a da empresa. Isso requer um Certificate Authority (CA) geralmente fora da rede local seja gerido pelo governo ou outra entidade comercial confiável com a capacidade de suportar "assimétrica" 2FA.

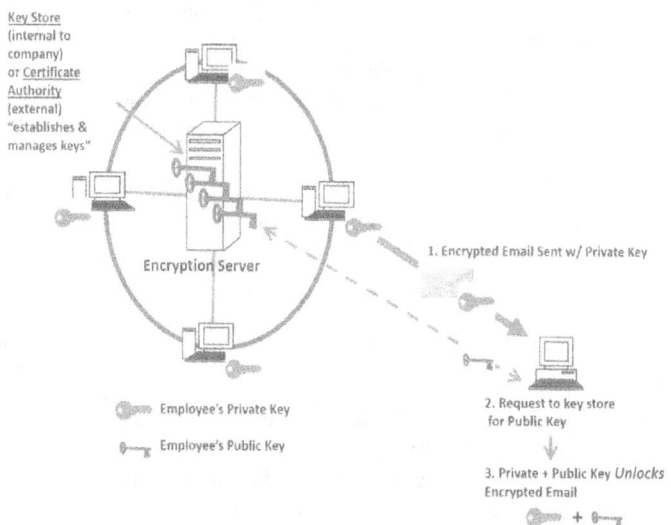

Autenticação de dois fatores (2FA) - Descrição assimétrica Criptografia Básica

Independentemente da solução é usado, assegurar a compatibilidade com os sistemas governamentais e outras empresas como parte de suas operações normais. Todos transmissão de CUI dados / CDI é necessário para ser criptografada.

Resposta mais completa: Qualquer uma maior capacidade de garantir e proteger o armazenamento de chaves dentro da empresa ou através definidos SLA com prestadores de serviços externos é importante. Garantir que eles tenham salvaguardas para proteger o acesso não autorizado ao seu sistema de bem; eles podem utilizar métodos de criptografia mais fortes, mas garantir que eles são reconhecidos pelo governo e estão Federal Information Processing

Standards (FIPS 140-2) compatível. (Ver Controlo 3.13.11 para identificar soluções FIPS 140-2).

3.13.11 Empregar criptografia validada-FIPS quando usado para proteger a confidencialidade dos CUI.

MÍNIMO ANSWER / MAIS COMPLETA: A empresa precisa confirmar que suas aplicações de criptografia são FIPS 140-2. Ele pode ser facilmente verificada no site abaixo:

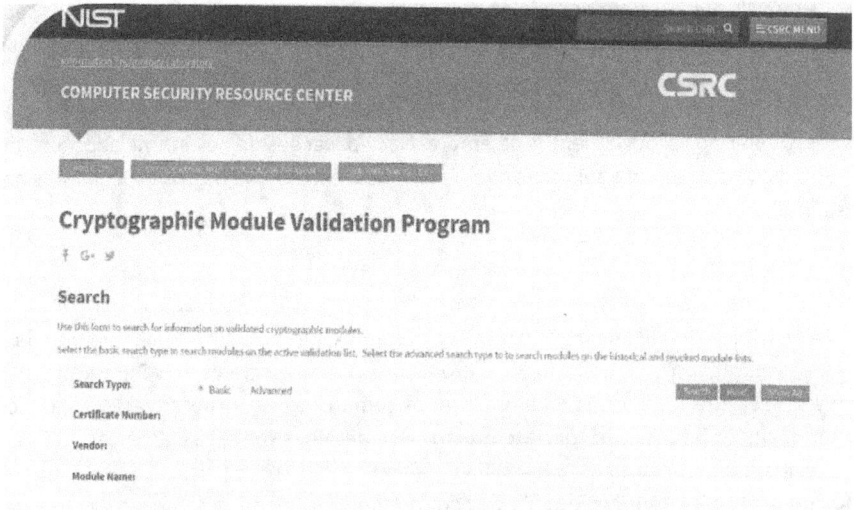

Site oficial NIST para confirmar FIPS 140-2 conformidade criptográfico
(https://csrc.nist.gov/projects/cryptographic-module-validation-program/validated-modules/search)

3.13.12 proibir a activação remota de dispositivos de computação colaborativa e proporcionar indicação de dispositivos utilizados para os utilizadores presentes no dispositivo.

RESPOSTA MÍNIMO: dispositivos de computação Collaborative incluem, por exemplo, "Os quadros de rede, câmeras e microfones" A intenção é a de evitar que esses dispositivos ser usados por intrusos para conduzir o reconhecimento de uma rede.

Isto pode ser evitado por mudanças nas configurações de registro que só autorizados pessoal de TI com acesso privilegiado pode mudar. Além disso, se esses itens estão ativos, iluminação ou audíveis alertas visíveis, devem ser considerados para notificar o pessoal de TI e segurança. Política deve exigir que os indivíduos não alterar essas configurações para incluir usuários privilegiados. Qualquer alteração só deve ser aprovado por exceção e exigem um usuário privilegiado que seja autorizada a fazer tais mudanças.

Resposta mais completa: Auditoria e soluções SIEM pode ser configurado para garantir que essas definições não são adulterados. Veja Controle 3.3.2 para uma discussão mais aprofundada desta área tópico.

3.13.13 controlar e monitorar o uso de códigos móveis.

MÍNIMO / resposta mais completa: Código móvel é principalmente parte de telefones de negócios Internet-capazes. operadora de telefonia da empresa pode limitar os tipos e tipos de aplicações móveis que residem em telefones de funcionários. A maioria dos aplicativos são geralmente necessários para atender aos padrões de desenvolvimento da indústria seguras. É melhor confirmar com a operadora da empresa como os aplicativos de código móvel são garantidos e restringir os funcionários a um determinado número de aplicativos móveis aprovados. Definir nos procedimentos da empresa as aplicações de base fornecidos a cada funcionário, eo processo para aplicações de trabalho específico que outros especialistas na empresa necessita.

3.13.14 controlar e monitorar o uso de Voice over (VoIP) Internet Protocol.

RESPOSTA MÍNIMO: O VOIP lugar atual provavelmente existiria é o serviço de telefone da empresa. Assegurar com a operadora de telefonia que os seus serviços de VOIP são seguras e qual o nível de segurança é usado para proteger as comunicações corporativas. Além disso, identificar qualquer informação contrato que fornece detalhes sobre a segurança proporcionada.

Resposta mais completa: Verificar quais serviços de monitoramento e proteção de rede (de malware, vírus, etc.) fazem parte do plano de serviço atual. Se necessário, determinar se tanto o controle e monitoramento são incluídos ou serviços extras. Se não totalmente incluído, considere a formulação de uma poam.

3.13.15 proteger a autenticidade das sessões de comunicação.

MÍNIMO ANSWER / mais completa: Esta proteção das comunicações endereços de controle e estabelece a confiança de que a sessão é autêntico; ele garante a identidade do indivíduo e da informação que está sendo transmitida. a protecção da autenticidade inclui, por exemplo, a protecção contra roubo de sessão ou inserção de informações falsas.

Isto pode ser resolvido através de alguma forma, dura ou mole símbolo AMF / 2FA, solução. Ele vai garantir a identidade ea criptografia FIPS 140-2 para evitar manipulação de dados. Veja Controle 3.5.2 para uma discussão mais aprofundada. Enquanto estas não são soluções absolutas, eles demonstram muito mais certeza de que as comunicações são autênticos.

3.13.16 proteger a confidencialidade dos CUI em repouso.

RESPOSTA mínima: Esta é uma questão DAR, e como discutido anteriormente, é uma exigência do governo. Verifique se o pacote de software adequado é adquirido que atenda às normas FIPS 140-2. (Veja Controle de 3.13.11 para informações do site do NIST).

Resposta mais completa: Se estiver usando um CSP, garantir que ele está usando governo aceitou FIPS 140-2 normas; ele vai fazer de autorização mais simples. E, um lembrete, se o negócio não pode usar FIPS 140-2 soluções, assegura uma poam eficaz é desenvolvido que aborda por que ele não pode ser implementado atualmente e quando a empresa está preparada para implementar o controle. Quando a empresa será compatível?

SISTEMA DE INFORMAÇÃO E INTEGRIDADE (SI)
Anti-vírus e anti-Malware

Esta família de controle é sobre como manter a integridade dos dados dentro de limite de segurança do sistema da empresa. Ele defendeu principalmente por medidas activas tais como anti-vírus e proteção contra malware. Este controle aborda o estabelecimento de procedimentos para a implementação efetiva dos controles de segurança. políticas e procedimentos de segurança cibernética pode incluir políticas de segurança da informação (INFOSEC). estratégia de gestão de risco da empresa é um fator chave no estabelecimento de proteções do sistema decisivos.

Basic Security Requirements:

3.14.1 identificar, relatórios e informações corretas e sistema de informações falhas em tempo hábil.
RESPOSTA mínima: Este controle aborda o que são consideradas falhas de segurança relevantes. Estes incluem, por exemplo, patches de software, hotfixes, anti-vírus e assinaturas anti-malware.

Normalmente, sistemas operacionais de rede pode verificar com os fabricantes através da Internet para atualizados, por exemplo, "patches de segurança" em tempo quase real. É importante para permitir correções dos fabricantes e fontes autorizadas ser atualizado assim que possível. Eles geralmente são projetados para corrigir bugs e pequenas por grandes vulnerabilidades de segurança. Quanto mais cedo o sistema é atualizado, melhor. Certifique-se de um processo, tais como cheques por pessoal de TI, pelo menos, duas vezes por dia. Muitos sistemas permitirá "empurra" automatizados para a rede. Assegurar que os processos documentados conta para revisão por pessoal de TI a "auditoria" empurra conhecidos por fontes autorizados.

⏰ **Eventos de segurança Major / ataques de dia zero**: Há momentos em que o governo federal tome conhecimento de ataques de dia zero. Estes são os ataques onde não há patch de segurança atual e às vezes requer outras ações por parte do governo apoiadas organizações e corporações; estar ciente desses eventos do DOD e Departamento de Segurança Interna (DHS) alertas. Estes irão exigir uma ação quase imediata. Além disso, o governo pode direcionar todos, incluindo NIST 800-171 empresas autorizadas, relatar seu status ao Diretor de Contrato por um prazo estabelecido.

Resposta mais completa: assegurar que o pessoal de TI designadas estão conscientes e estão monitorando os locais vulnerabilidades ativos de ambos DOD e DHS. Um processo ativo para verificar o estado atual de ameaças contra o governo é um excelente meio para estabelecer a devida diligência de uma empresa nesta área.

do DHS Estados Unidos Computer Emergency Readiness Team (US-CERT) tem as últimas informações sobre vulnerabilidades de incluir atualizações de dia zero.

Também é recomendado que o pessoal de TI designados se inscrever para o Rich Site Summary (RSS) feeds de dados pelo selecionando o símbolo para a esquerda. O endereço para o site global é:https://www.us-cert.gov/ncas/current-activity

3.14.2 Fornecer proteção contra códigos maliciosos em locais apropriados dentro dos sistemas de informação organizacional.

RESPOSTA mínima: Proteger a rede de código malicioso é tipicamente através de ambas as aplicações de proteção anti-vírus e malware ativo ou serviços. Certifique-se proteções adicionais fornecidos pelo ISP comercial dos negócios estão incluídas em qualquer submissão artefato.

MAIS resposta completa: Qualquer proteções adicionais poderiam ser fornecidos por firewalls "inteligentes", roteadores e switches. Certos dispositivos comerciais fornecem defesas extra.

Firewalls inteligentes.firewalls inteligentes incluem recursos de proteção padrão. Além disso, firewalls especificamente, pode proporcionar listas brancas e protecções de lista negra.

- **whitelisting**só pode ser utilizado para permitir que usuários externos autorizados em uma lista interna de controle de acesso (ACL). O ACL precisa ser gerenciado ativamente para assegurar que as organizações legítimas podem se comunicar através de firewall das empresas. O negócio ou organizações externas interessadas ainda podem se comunicar com o negócio para alguns serviços como o site da empresa e sistema de e-mail que reside em que é chamado de Zona Desmilitarizada (DMZ). Whitelisting é tipicamente implementado no firewall. Consulte o diagrama abaixo.

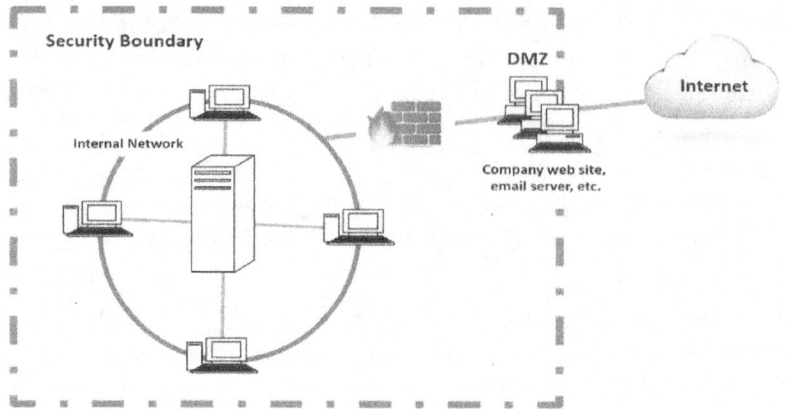

Básico Empresa da Rede

- **Lista negra** é usado para bloquear conhecidos "bandidos". Existem empresas e do governo que podem fornecer listas de sites maliciosos conhecidos com base em seu endereço Internet. As listas negras requerem uma gestão contínua para ser mais eficaz.

Ambas as soluções não são garantidos. Enquanto eles oferecem meios adicionais para retardar hackers e intrusos Estado-nação, eles não são soluções totais. Portanto, o governo, e grande parte da comunidade de segurança cibernética, apoia firmemente o princípio da defesa em profundidade, onde outras soluções tecnológicas ajudam a reforçar as proteções por causa de falhas de programação de segurança inadvertidamente criados por desenvolvedores de software e o desafio constante de hackers exploram diversas áreas da moderna arquiteturas de TI para conduzir suas ações nefastas.

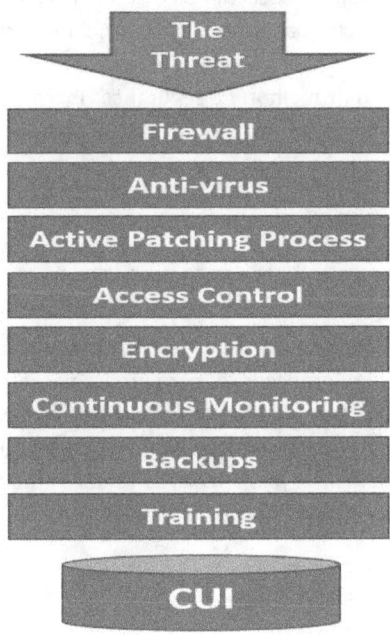

O Princípio da Defesa em Profundidade

3.14.3 Monitor de alertas de segurança de sistemas de informação e alertas e tomar as medidas apropriadas em resposta.

RESPOSTA MÍNIMO: Este controlo SI podem ser melhor atendidas por meio de auditoria. Este pode ser satisfeita pela utilização de aplicações (tais como anti-vírus) ou ferramentas incorporados dentro da arquitectura. Estes devem incluir capacidades de detecção de intrusão, ferramentas de captura de pacotes de rede, como Wireshark ®, ou logs de auditoria. As ações de processo e associados deve incluir reconhecimento e notificação para a gerência sênior. A administração deve assegurar processos desenvolvidos definir quando um evento é elevado a um nível de um incidente de notificação ao governo.

Resposta mais completa: Uma solução mais-completo poderia usar outros conjuntos de ferramentas avançadas com base na educação e experiência do pessoal de suporte de TI. Estes poderiam incluir software malicioso proteção de código (como o encontrado em soluções mais avançadas anti-malware). Consideração deve sempre incluir o ROI global para o investimento em tais ferramentas.

Se a empresa só pode implementar porções menores do controle e tem a intenção planejada para investir em ferramentas aperfeiçoadas no futuro, é melhor para desenvolver um poam bem definido com metas alcançáveis para a empresa de prosseguir. Ele irá demonstrar ao governo dos EUA o compromisso de melhorar a segurança cibernética vice-ignorando outros métodos técnicos para reduzir o risco para a empresa e sua associada CUI / CDI.

Requisitos de segurança derivados:

3.14.4 atualizar os mecanismos de proteção de código malicioso quando novas versões estão disponíveis.

MÍNIMO / resposta completa: Isso geralmente é facilmente resolvida através de acordos de licença de software em curso com fornecedores para programas internos de código malicioso ou serviços de apoio contratados externos. Supondo que uma nova versão é disponibilizada durante o período ativo da licença, as atualizações são tipicamente livre; documento de procedimento da empresa para manter não apenas as versões atuais, mas legais de detecção de códigos maliciosos e software de prevenção ou serviços.

3.14.5 Realizar varreduras periódicas do sistema de informação e varreduras em tempo real de arquivos de fontes externas como arquivos são baixados, abertos ou executados.

RESPOSTA mínima: Muitas das soluções já discutidas pagar varredura em tempo real de arquivos e tráfego como eles atravessam a rede. Verificação de arquivos deve sempre ser realizado a partir de downloads externos para ambos os vírus e malware. Garantir que as configurações de política técnicas são sempre definidas para realizar varreduras em tempo real da rede, os terminais (ou seja, computadores de trabalho internos e usados por teletrabalho empregados) e arquivos que entram na rede, as ferramentas adequadas para garantir a operação da rede e segurança.

Resposta mais completa: Exigir o pessoal de TI a verificar regularmente que a verificação em tempo real não foi alterado acidentalmente ou de propósito. É importante estar ciente de que potenciais intrusos vai tentar desligar os recursos de segurança, como a digitalização ativo. Treinar o pessoal de TI para verificar manualmente gestão de pelo menos semanalmente e alerta se as mudanças são suspeitos. Identificar possível entrada de dados da empresa é uma função do SI, bem como um dos principais componentes da família de controle AU.

3.14.6 Monitorar o sistema de informação, incluindo o tráfego de comunicações de entrada e saída, para detectar ataques e indicadores de possíveis ataques.

RESPOSTA mínima: Como discutido, anti-vírus e malware fornecer algum nível de verificação de tráfego de entrada e saída. Documento ambos os meios manuais e automatizadas para garantir que o tráfego é monitorizada.

Os procedimentos devem identificar as pessoas que irão conduzir a revisão regular, o processo que assegure a supervisão adequada está no local para identificar violações a este controle, e quais tecnologias estão sendo usadas para proteger o tráfego de entrada e saída do ataque. (Veja Controle 3.6.1 para discussão sobre o modelo PPT, e sua aplicação para lidar com os controles de segurança).

Resposta mais completa: Isso também poderia identificar comercial ISP de suporte ao negócio com conexões "confiáveis" para a Internet. Consulte fornecido SLAs e contrair informações para a revisão do governo.

3.14.7 Identificar o uso não autorizado do sistema de informação.

RESPOSTA MÍNIMO: Este é atendida por meio de auditoria ativo e regular de, para logs exemplo, sistemas, aplicativos, as detecções de intrusão e firewall. É importante reconhecer que pode haver limitações para a equipe de TI a avaliar corretamente e adequadamente todos os registos disponíveis criados por rede de TI da empresa. É melhor para identificar os logs críticos para rever regularmente e quaisquer logs secundários como o tempo permitir. Evite tentar rever todos os logs de sistema disponíveis; Há muitos. Além disso, determinar o nível de esforço, tempo de processamento necessário, capacidade e formação de A equipe de suporte da empresa.

Resposta mais completa: Além do acima, considere as empresas de terceiros que podem fornecer um serviço de monitoramento da rede. Embora estas possam ser caro, ele vai depender do negócio, sua missão, ea crítica dos dados. Esta solução vai exigir um bem desenvolvido SLAs com supervisão adequada para assegurar que a empresa recebe a Qualidade de Serviço (QoS) a empresa precisa.

CONCLUSÃO
Esta é Gestão de Risco e não um risco Eliminação

A principal premissa do processo de cibersegurança NIST é reconhecer que não é sobre a absoluta certeza de que os controles de segurança vai parar todo o tipo de ciber-ataque. Gestão de Risco é sobre reconhecer fraquezas gerais do sistema. É sobre a liderança da empresa, e não apenas a equipe de TI, identificou onde existem essas fraquezas.

Gestão de Risco é também sobre a Monitorização definido Contínuo (ConMon) e processos de avaliação eficaz dos riscos. Tais processos pagar a proteção necessária para CUI / CDI sensíveis de uma empresa. Estes não são destinadas a ser respostas completas a um cenário de risco em constante mudança. É somente através de uma revisão ativa e contínua dos controles pode o governo ou as empresas a garantir quase certeza suas redes são tão seguros quanto possível.

Um objetivo principal deste livro é fornecer uma planície-Inglês e guia de como fazer para o proprietário da empresa não-TI. O objetivo deste livro é fornecer informações que eles e suas equipes de TI podem pensar criticamente sobre e como melhor responder a esses 110 controles designados. Este livro fornece um ponto de partida construtivo para pequenas através de um grande negócio para não só atender as exigências do NIST 800-171, mas para realmente proteger seus computadores, sistemas e dados dos "maus" próximos e distantes.

Finalmente, a expectativa é que, enquanto DOD pode ter sido a primeira agência federal para impor NIST 800-171 implementação, esperar que outras agências, como o Departamento de Segurança Interna (DHS), o Departamento de Comércio (DOC), casa do NIST, e Departamento de Energia (DOE), para ser os próximos candidatos prováveis para exigir empresas para atender NIST 800-171. O resto dos órgãos federais provavelmente irá acompanhar de perto por trás. NIST 800-171 está se tornando o padrão nacional de segurança cibernética entre as operações do governo federal, e sua enorme força de trabalho suporte contratante num futuro muito próximo.

Segurança Federal Information Act Modernização de 2014 (PL 113-283), Dezembro de 2014.
http://www.gpo.gov/fdsys/pkg/PLAW-113publ283/pdf/PLAW-113publ283.pdf

Ordem Executiva 13556, controlada As informações não classificadas, Novembro de 2010.
http://www.gpo.gov/fdsys/pkg/FR-2010-11-09/pdf/2010-28360.pdf

Ordem Executiva 13636, Melhorar a Segurança Cibernética infra-estruturas críticas, fevereiro de 2013.
http://www.gpo.gov/fdsys/pkg/FR-2013-02-19/pdf/2013-03915.pdf

Instituto Nacional de Padrões e Tecnologia Federal Information Processing Standards Publicação 200 (alterada), requisitos mínimos de segurança para Informação Federal e *Sistemas de Informação*.
http://csrc.nist.gov/publications/fips/fips200/FIPS-200-final-march.pdf

Instituto Nacional de Padrões e Tecnologia Publicação Especial 800-53 (conforme alterada), *Controles de segurança e privacidade para os Sistemas de Informação Federal e Organizações*.
http://dx.doi.org/10.6028/NIST.SP.800-53r4

Instituto Nacional de Padrões e Tecnologia Publicação Especial 800-171, rev. 1, *Protegendo Informações Não classificados controlada em Sistemas de Informação nonfederal e organizações*. https://nvlpubs.nist.gov/nistpubs/SpecialPublications/NIST.SP.800-171r1.pdf

Instituto Nacional de Padrões e Tecnologia 800-171A Publicação Especial,*Avaliando Requisitos de segurança para informações não confidenciais Controlada*
https://csrc.nist.gov/CSRC/media/Publications/sp/800-171a/draft/sp800-171A-draft.pdf

Instituto Nacional de Padrões e Tecnologia Framework para melhorar Critical *Cybersecurity infra-estrutura* (Alterada).
http://www.nist.gov/cyberframework

Apêndice B - relevantes Termos e Glossário

log de auditoria. UMA registro cronológico das atividades do sistema de informações, incluindo registros de sistema acessa e operações realizadas em um determinado período.

Autenticação. Verificar a identidade de um usuário, processo ou dispositivo, muitas vezes como um pré-requisito para permitir o acesso aos recursos num sistema de informação.

Disponibilidade. Garantir o acesso oportuno e confiável para e uso de informações.

Configuração de linha de base. Um conjunto documentado de especificações para um sistema de informação, ou um item de configuração dentro de um sistema, que foi formalmente reviu e concordou em em um determinado ponto no tempo, e que só pode ser alterado por meio de procedimentos de controle de mudanças.

Lista negra. O processo usado para identificar: (i) programas de software que não estão autorizadas a executar num sistema de informação; ou (ii) proibiu sites.

Confidencialidade. Preservar restrições autorizadas no acesso à informação e divulgação, incluindo meios para proteger a privacidade pessoal e informações proprietárias.

Gerenciamento de configurações. Uma coleção de atividades focado em estabelecer e manter a integridade dos produtos de tecnologia da informação e sistemas de informação, por meio do controle dos processos de inicialização, alterar e monitorar as configurações desses produtos e sistemas em todo o ciclo de vida de desenvolvimento de sistemas.

controlado Não classificados Informações (CUI / CDI).

Informações de que a lei, regulamento ou política de todo o governo exige que tenhamos a salvaguarda ou divulgando controles, excluindo a informação que é classificada sob a Ordem Executiva 13526, classificados Nacional de Informação de Segurança, 29 de dezembro de 2009, ou qualquer predecessor ou sucessor ordem, ou a Lei de Energia Atómica do 1954, conforme alterada.

rede externa. A rede não controlados pela empresa.

FIPS validado criptografia. Um módulo criptográfico validado pelo módulo criptográfico programa de validação (CMVP) para satisfazer os requisitos especificados na Publicação FIPS 140-2 (alterada). Como pré-requisito para validação CMVP, o módulo criptográfico é necessário para empregar uma implementação do algoritmo criptográfico que passou com sucesso testes de validação pelo Programa de Validação de algoritmo criptográfico (CAVP).

Hardware. Os componentes físicos de um sistema de informação.

Incidente. Uma ocorrência que ponha em risco real ou potencialmente a confidencialidade, integridade ou disponibilidade de um sistema de informação ou a informação dos processos do sistema, lojas, ou transmite ou que constitui uma violação ou iminente ameaça de violação de políticas de segurança, procedimentos de segurança, ou políticas de uso aceitável .

Segurança da Informação. A protecção dos sistemas de informação e informação de acesso não autorizado, utilização, divulgação, interrupção, modificação ou destruição para garantir a confidencialidade, integridade e disponibilidade.

Sistema de informação. Um conjunto discreto de recursos de informação organizada para a recolha, processamento, manutenção, uso, compartilhamento, disseminação ou alienação de informações.

Tecnologia da informação. Qualquer equipamento ou sistema interligado ou subsistema de equipamento que é usado no automático aquisição, armazenamento, manipulação, gestão, movimento, controle, display, comutação, intercâmbio, transmissão ou recepção de dados ou informações pela agência de execução. Ele inclui computadores, equipamentos auxiliares, software, firmware e procedimentos semelhantes, serviços (incluindo serviços de apoio), e recursos relacionados.

Integridade. Guardando contra modificação informação imprópria ou destruição e inclui a garantia de informação não rejeição e autenticidade.

Rede interna. Uma rede em que: (i) o estabelecimento, manutenção e provisionamento de controles de segurança estão sob o controle direto de funcionários da organização ou contratados; ou (ii) o encapsulamento criptográfico ou tecnologia de segurança semelhante implementada entre os terminais controlado-organização, proporciona o mesmo efeito (pelo menos no que respeita à confidencialidade e integridade).

Código malicioso.
Software destinado a desempenhar um processo não autorizado que irá ter um impacto adverso sobre a confidencialidade, integridade ou disponibilidade de um sistema de informação. Um vírus, worms, cavalos de Tróia, ou outra entidade baseada em código que infecta um hospedeiro. Spyware e algumas formas de adware também são exemplos de código malicioso.

Meios de comunicação.
Os dispositivos físicos ou superfícies de escrita, incluindo, mas não limitados a, fitas magnéticas, discos ópticos, os discos magnéticos e impressões (mas não incluindo meios de exibição) na qual a informação é gravada, armazenados, ou impresso dentro de um sistema de informação.

Código móvel.
programas de software ou partes de programas obtidos a partir de sistemas de informação remotos, transmitida através de uma rede, e executado em um sistema de informação local sem instalação explícita ou execução pelo destinatário.

Dispositivo móvel.
Um dispositivo de computação portátil que: (i) tem um pequeno factor de forma tal que ele pode ser facilmente transportado por uma única pessoa; (Ii) está concebido para operar sem uma ligação física (por exemplo, sem fios transmitir ou receber informação); (Iii) possui armazenamento de dados local, ou inamovível removível; e (iv) inclui uma fonte de energia auto-contidas. Os dispositivos móveis também podem incluir recursos de voz comunicação, sensores de bordo que permitem que os dispositivos para capturar informações e / ou recursos internos para sincronizar dados locais com locais remotos. Exemplos incluem smartphones, comprimidos, e E-leitores.

Autenticação multifator.
Autenticação usando dois ou mais fatores diferentes para realizar a autenticação. Os fatores incluem: (i) algo que você sabe (por exemplo, senha / PIN); (Ii) algo que você tem (por exemplo, dispositivo de identificação de criptografia, token); ou (iii) algo que você está (por exemplo, biométrica).

Sistema de Informação nonfederal. Um sistema de informação que não preenchem os critérios para um sistema de informação federal. organização nonfederal.

Rede.
sistema (s) de informação implementado com um conjunto de componentes interligados. Tais componentes podem incluir encaminhadores, cubos, cabos, controladores de telecomunicações, centros de distribuição chave, e dispositivos de controle técnico.

dispositivo de armazenamento portátil. Um componente do sistema de informação que pode ser inserido e removido de um sistema de informação, e que é usado para dados ou informações (por exemplo, dados de texto, de vídeo, de áudio, e / ou da imagem) da loja. Esses componentes são geralmente implementadas em dispositivos magnéticos, ópticos ou de estado sólido (por exemplo, disquetes, discos de vídeo compactas / digital, flash / pen drives, discos rígidos externos e cartões de memória flash / unidades que contêm memória não volátil).

Conta privilegiada. Uma conta de sistema de informação com as autorizações da um usuário privilegiado.

Usuário Privilegiado. Um usuário que está autorizado (e, portanto, confiável) para executar funções relevantes de segurança que os usuários comuns não está autorizado a executar.

Acesso remoto. Acesso a um sistema de informação organizacional por um usuário (ou uma atuação processo em nome de um usuário) comunicando através de uma rede externa (por exemplo, a Internet).

Risco. A medida da extensão em que uma entidade está ameaçada por uma circunstância potencial ou evento e, normalmente, uma função de: (i) os impactos adversos que decorreriam se a circunstância ou evento ocorre; e (ii) a probabilidade de ocorrência. riscos de segurança relacionados com o sistema de informação são os riscos que surgem a partir da perda de confidencialidade, integridade ou disponibilidade de sistemas de informação ou informação e refletem os possíveis impactos adversos para as operações organizacionais (incluindo missão, funções, imagem ou reputação), ativos organizacionais, indivíduos, outras organizações, e da nação.

sanitização. Medidas tomadas para tornar os dados gravados em mídia irrecuperáveis por ambos ordinário e, para algumas formas de higienização, meios extraordinários. Processo para remover informações dos meios de comunicação, que a recuperação de dados não é possível. Ele inclui a remoção de todos os logs de rótulos, marcas e de atividade classificados.

Controle de segurança. A salvaguarda ou contramedida prescrito para um sistema de informação ou de uma organização concebida para proteger a confidencialidade, integridade e disponibilidade da sua informação e para satisfazer um conjunto de requisitos de segurança definidos.

Avaliação de Controle de Segurança. O teste ou avaliação de controles de segurança para determinar a extensão em que os controles são implementados corretamente, a funcionar como previsto, e produzir o resultado desejado no que diz respeito ao cumprimento dos requisitos de segurança para um sistema de informação ou organização.

Funções de segurança. O hardware, software e / ou firmware do sistema de informação responsável por fazer cumprir a política de segurança do sistema e apoiar o isolamento de código e dados em que a proteção é baseada.

Ameaça. Qualquer circunstância ou evento com o potencial de impactar negativamente as operações organizacionais (incluindo missão, funções, imagem ou reputação), ativos da organização, os indivíduos, outras organizações, ou a Nação através de um sistema de informação via acesso não autorizado, destruição, divulgação, modificação de informações , e / ou negação de serviço.

Whitelisting. O processo usado para identificar: programas (i) de software que são autorizadas a executar num sistema de informação.

Abordagem do Ciclo de Inteligência para o Ciclo de Vida poam

Esta seção destina-se a sugerir uma estrutura e abordagem para qualquer um desenvolver um poam para a sua empresa ou agência. Ele descreve como lidar com o processo de desenvolvimento poam e como formular e acompanhar POAMs durante o seu ciclo de vida. Sugerimos o uso de Inteligência do Ciclo de Vida da Comunidade de Inteligência os EUA como um guia para resolver poam de partir "do berço ao túmulo." O processo foi ligeiramente modificada para fornecer uma descrição mais pertinente para efeitos de criação poam, mas temos encontrado este modelo para ser eficaz para o novato através de cibersegurança profissional ou especialista em TI que funciona regularmente nesta arena.

Isto inclui o seguinte seis fases:

1. **IDENTIFICAR:** Os controles tempo, a tecnologia ou o custo não podem ser satisfeitas para satisfazer o controle unimplemented.

2. **PESQUISA:**Você já decidiu o controle não está indo para atender às suas imediatas NIST 800-171 necessidades. O marco inicial típico é a realização de algum tipo de investigação ou mercado de pesquisa de soluções disponíveis. Isto incluirá:

   - **O tipo ou o tipo de solução.** Quer como uma pessoa (por exemplo, a perícia adicional), processo (por exemplo, o que estabeleceu fluxo de trabalho pode fornecer uma solução repetível) ou tecnologia (por exemplo, qual a solução de hardware / software corrige todo ou parte do controle.

   - **Como o governo federal quer implementou**? Por exemplo, são rígidos fichas requerido ou a empresa pode utilizar alguma forma de solução símbolo macio para tratar 2FA.

   - **desafios internos.** O que a empresa enfrentar geral com pessoas, processos ou perspectivas tecnológicas específicas para o controle?

3. **RECOMENDAM:**Nesta fase, todas as pesquisas e análise foi concluída, e presumivelmente bem documentado. Normalmente, a equipe de segurança cibernética ou equipe de TI de negócios irá formular soluções recomendadas para o proprietário do sistema, ou seja, os tomadores de decisões de negócios, como o Chief Information ou Operations Officer. As recomendações devem não só ser tecnicamente viável, mas o custo e os recursos devem ser parte de qualquer recomendação.

4. **DECIDIR:** Neste ponto, empresa decisores não só aprovam a abordagem para corrigir o déficit de segurança, mas concordaram em requisitos mobilização de recursos para autorizar

as despesas dos fundos e esforços.

5. **IMPLEMENTO:**Finalmente, a solução é implementada, eo poam é atualizado para o fechamento. Isso deve ser comunicada ao Escritório Contrato ou seu representante em uma base recorrente.

6. **MELHORIA CONTÍNUA.** Como qualquer processo, deve ser regularmente revisto e actualizado específico para as necessidades e capacidades da empresa ou organização. Isto poderia incluir melhores modelos, pessoal adicional, ou mais atualizações regulares para a gestão para garantir tanto uma compreensão completa, mas de apoio de como cibersegurança atende às necessidades e missão da empresa.

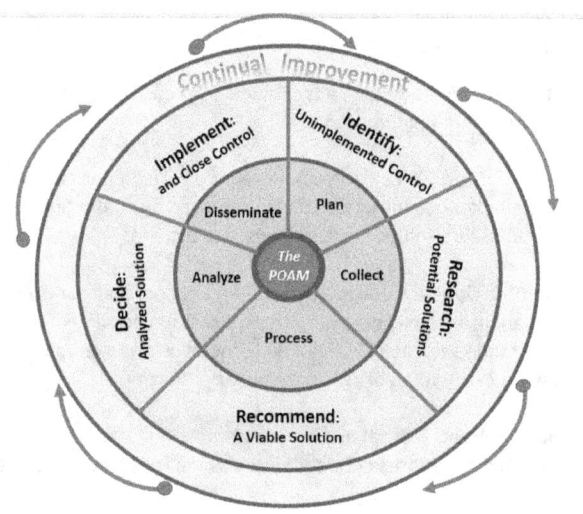

O Lifecycle poam

Começamos na secção "Identificar"do processo do ciclo de vida acima. Nesta fase podem ocorrer várias coisas. Ou o proprietário da empresa ou equipe de TI reconhece que o controle de segurança não é ou não pode ser imediatamente cumpridas, ou que empregam uma ferramenta de segurança automatizados, tais como ACAS® ou Nessus®, que identifica vulnerabilidades de títulos no sistema de informação. Isso também poderia incluir os resultados, tais como a senha padrão, como "password", não foi alterado em um interruptor interno ou roteador. Poderia também incluir atualizados patch de segurança não tenha ocorrido; algumas ferramentas automatizadas de varredura aplicação não só identificar, mas recomendar cursos de ação para mitigar ou corrigir um achado de segurança. Sempre tentar alavancar os o mais rápido possível para garantir o ambiente de TI.

Além disso, presume nesta fase é o acto de documentar descobertas. A descoberta deve ser colocado em um modelo poam como o negócio se move através do ciclo de vida. Isso poderia ser feito usando documentos criados no Word ®, por exemplo, masrecomendamos a utilização de um programa de planilha que permite a filtragem mais fácil e gestão do poam. Planilhas permitir uma maior flexibilidade durante a parte "carga pesada" de formular toda poam não se destina a ser corrigido imediatamente por causa de falhas técnicas. Isso pode incluir não ter in-house perícia técnica, por exemplo, para configurar autenticação de dois fatores (2FA) ou devido às limitações financeiras atuais da empresa; este seria mais provável ser razoável quando os custos são proibitivos para implementar um controle específico.

Na fase de "pesquisa" isso inclui a análise técnica, pesquisas na Internet, pesquisa de mercado, etc., sobre soluções viáveis para resolver o controle de segurança não ser "compatível". Esta atividade é tipicamente parte do marco inicial estabelecido no poam. Pode ser adicionado no poam, e poderia ser, por exemplo: "Conduzir uma pesquisa de mercado inicial de sistemas candidatos que podem fornecer uma solução acessível autenticação de dois fatores (2FA) para atender 3.XX controle de segurança" Outro exemplo pode ser: " a secção de cibersegurança vai identificar pelo menos dois dados de candidatos a soluções de descanso (DAR) para proteger os dados corporativos e CUI da empresa."Esses marcos iniciais são uma parte normal de quaisquer marcos iniciais que descreve claramente as acções razoáveis para enfrentar controles não-reclamação.

Outra parte de qualquer ação estabelecimento marco é identificar quando um marco está prevista para ser concluída. Tipicamente, são marcos feito durante um período de 30 dias, mas se a complexidade de tal actividade necessita de mais tempo, garantir que a empresa como razoáveis períodos identificados de vezes com datas reais de*esperado*conclusão. Nunca use marcos indefinidos tais como "próxima atualização de versão" ou "Calendário 2020 no Bairro 4." datas reais são obrigatórios para gerir verdadeiramente resultados suportados por, por exemplo, fluxo de trabalho automatizado ou rastrear aplicativos a empresa pode adquirir no futuro para melhorar a sua risco de segurança cibernética programa de gestão.

Na fase de "recomendação", este é o momento em que a pesquisa prévia resultou em pelo menos uma solução, seja ela pessoal qualificado adicionais (pessoas), políticas avançadas empresa que administram o controle de segurança melhor (processo), ou um dispositivo que resolve o controlo parcial ou total (tecnologia). Isso deve ser parte desta fase e ser parte do modelo poam como um marco com a data de conclusão prevista.

Na fase de "decidir", empresa ou agência decisores devem aprovar uma solução recomendada e que a decisão deve ser documentada em uma alteração de configuração documento de rastreamento, gerenciamento de configuração decisão memorando ou no próprio poam. Esta deverá incluir os recursos aprovados, mas o mais importante, qualquer decisão de financiamento devem ser postas em prática o mais rápido possível. Embora muitas destas sugestões podem parecer básico, que é muitas vezes esquecido para documentar a decisão pessoal e de gestão para futuras possam entender como a solução foi determinada.

A fase de "implementação" pode se tornar o mais difícil. É onde a liderança deve ser designado para coordenar a atividade específica para atender a controle- pode não ser necessariamente uma solução técnica, mas também pode incluir, por exemplo, a atividade de desenvolvimento de documentação que cria um processo para gerenciar a poam.

A implementação deve também incluir considerações programáticas básicas. Isto deve incluir o desempenho, cronograma, custo e risco:

- atuação: Considerar o sucesso a solução é tentar resolver. Será que ele pode enviar alertas por email aos usuários? Será que o desligamento do sistema automaticamente quando uma intrusão é confirmado na rede corporativa? Será que o Plano de Resposta a Incidentes incluem notificações para a aplicação da lei? O desempenho é sempre um meio significativa e mensurável para garantir que a solução irá resolver o déficit de controle poam / segurança. Sempre tente medir o desempenho específico para o controle real que está sendo atendida.

- Cronograma: Elaborar um plano com base nos marcos desenvolvidos que sejam razoáveis e não irrealista. Assim como um desvio se torna aparente, garantir que o modelo poam é atualizado e aprovado pela administração. Este deve ser um representante da alta administração com autoridade para fornecer extensões para o plano atual. Isso pode incluir, por exemplo, um gerente de TI sênior, Chief Information Security Officer ou Chief Operating Officer.

- Custo: Enquanto assume-se todo o financiamento foi fornecido no início do processo, sempre garantir contingências estão no local para solicitar financiamento adicional. É comum na maioria dos programas de TI a manter uma reserva de financiamento de 15-20% para emergências. Caso contrário, o Gerente de Projeto ou chumbo terá que re-justificar para a gerência de financiamento adicional no final da porção implementação do ciclo.

- Risco: Este não é o risco identificado, por exemplo, a revisão dos controles de segurança ou varreduras automatizadas do sistema. Este risco é específico para o sucesso do programa para realizar seu objetivo de fechar a constatação de segurança. Risco deve sempre em particular foco no desempenho, custo e riscos agenda como principais preocupações. Considere a criação de uma matriz de risco ou log de risco para ajudar durante a fase de implementação.

Finalmente, certifique-se que, logo que a empresa pode satisfatoriamente implementar sua solução de fechar o controle e notificar o Escritório Contrato da conclusão. Tipicamente, atualizações e notificações deve ocorrer pelo menos uma vez por trimestre, mas mais frequentemente é apropriado para controles mais altamente impactantes. autenticação de dois fatores e auditoria automatizada, por exemplo, são mais atualizados tão rapidamente quanto possível. Isto não só protege a rede da empresa e ambiente de TI, mas constrói a confiança com o governo que os requisitos de segurança estão sendo atendidas.

A área final a considerar em termos de melhores práticas dentro de cibersegurança, e mais especificamente no desenvolvimento POAMs completos, é a área de **melhoria contínua**. Aproveitando o processo de Inteligência Lifecycle legado deve ser um modelo em curso para especialistas em segurança cibernética de TI e emular. Aqueles apoiar este processo deve sempre ser preparado para fazer alterações ou modificações que melhor representam o estado e disponibilidade do sistema com a sua lista de POAMs. O Lifecycle Intelligence fornece o modelo ideal para uma empresa de seguir e implementar para cumprir as suas responsabilidades poam dentro NIST 800-171.

Para a empresa tecnicamente capaz:
Considere importação de planilhas poam em um programa de banco de dados e usando suas capacidades internas de criação de relatórios e de relatórios. Ele pode ser usado para melhorar poam relatórios de status e rastreamento para a gerência sênior.

D ANEXO - Monitoramento Contínuo

Monitoramento Contínuo (ConMon): uma discussão mais detalhada

Segurança Cibernética não é sobre atalhos. Não há soluções fáceis para anos de líderes alegando uma exceção a sua responsabilidade para resolver as crescentes ameaças no ciberespaço. Esperávamos que o Escritório de Gestão de Pessoal (OPM) violar vários anos anunciaria o foco necessário, energia e financiamento para reprimir os maus-caras. Que tem se mostrado uma esperança vazia onde os líderes têm revogada sua responsabilidade de liderar no ciberespaço. A solução "santo graal" de Monitoramento Contínuo (ConMon) tem sido a solução mais incompreendido onde muitos atalhos são perpetrados por várias agências federais e do setor privado para criar uma ilusão de sucesso. Este artigo é escrito especificamente para ajudar os líderes a compreender melhor o que constitui uma verdadeira declaração de: "temos um acompanhamento contínuo" Isto não é sobre atalhos. Trata-se de educação, formação,

A Comissão dos sistemas de segurança nacional define ConMon como: "[o] processos implementados para manter o status de segurança atual para um ou mais sistemas de informação em que a missão operacional da empresa depende," (CNSS, 2010). ConMon tem sido descrito como a solução holística de cobertura de cibersegurança end-to-end e a resposta a fornecer uma solução eficaz mundial de Gestão de Risco (RM). Ele promete a eliminação do ciclo de recertificação de 3 anos que tem sido a pedra no sapato de profissionais de segurança cibernética.

Para ConMon para se tornar uma realidade para qualquer agência, ele deve atender as medidas e expectativas como definido no Instituto Nacional de Padrões e Tecnologia (NIST) Publicação Especial (SP) 800-137, Segurança da Informação Monitoramento Contínuo para sistemas e organizações federais de informação. "O monitoramento contínuo tem evoluído como uma das melhores práticas para o gerenciamento de risco em uma base contínua", (SANS Institute, 2016); é um instrumento que suporta eficazes, contínuas e recorrentes garantias RM. Para qualquer agência para abraçar verdadeiramente que tenha atingido o pleno cumprimento ConMon, ele deve ser capaz de coordenar todos os elementos principais descritos como encontrados em NIST SP 800-137.

ConMon não são apenas os pedaços de visibilidade passiva, mas também inclui os esforços ativos de varredura de vulnerabilidades, alerta ameaça, redução, mitigação ou eliminação de um ambiente dinâmico de Tecnologia da Informação (TI). O Departamento de Segurança Interna (DHS) tem formulado sua abordagem para ConMon de forma mais holística. Seu programa para proteger redes do governo é mais apropriadamente chamado: "Diagnóstico e monitorização contínua" ou CDM e inclui uma necessidade de reagir a um atacante rede ativa. "A habilidade de fazer TI redes, pontos finais e aplicações visíveis; para identificar actividade maliciosa; e, para responder [grifo nosso] imediatamente é fundamental para defender sistemas de informação e redes,"(Sann, 2016).

Outra descrição de ConMon pode ser encontrada no do NIST CAESARS Framework Extensão: Uma Empresa Monitoramento Contínuo Modelo de Referência Técnica (segundo projecto). Ele define suas características essenciais dentro do conceito de "monitoramento de segurança contínua." Ele é descrito como um "... abordagem de gerenciamento de risco à segurança cibernética, que mantém uma imagem da postura de segurança de uma organização, fornece visibilidade em ativos, aproveita a utilização de dados automatizado alimenta, monitores eficácia dos controles de segurança, e permite a priorização de remédios,"(NIST, 2012); deve demonstrar visibilidade, feeds de dados, medidas de eficácia e permitir soluções. Ele fornece uma outra descrição do que deve ser demonstrado para garantir designação ConMon completo sob o padrão NIST.

Risco Federal do governo e Programa de Gestão de Autorização (Fed-RAMP) definiu metas ConMon semelhantes. Estes objectivos são todos os principais resultados de uma implementação bem sucedida ConMon. Sua "... meta [s] ... [são] para fornecer: (i) a visibilidade operacional; (Ii) auto-atestados anuais sobre implementações de controlo de segurança; (Iii) conseguiu controle de mudanças; (Iv) e atendimento aos direitos de resposta a incidentes,"(GSA, 2012). Estes objectivos, embora não explícita a NIST SP 800-37, estão bem alinhados com os desejos de uma solução eficaz e completa.

RMF cria as necessidades de estrutura e documentação de ConMon; que representa a implementação e supervisão da Segurança da Informação (SI) específico dentro de um ambiente de TI. Ele suporta a atividade geral da RM dentro de uma agência. (Ver Figura 1 abaixo). O RMF "... descreve um processo disciplinado e estruturado que integra atividades de segurança da informação e gestão de risco no ciclo de vida de desenvolvimento do sistema," (NIST-B, 2011). RMF é a estrutura que descreve e depende ConMon como o seu controlo de risco e mecanismo de eficácia entre SI e RM.

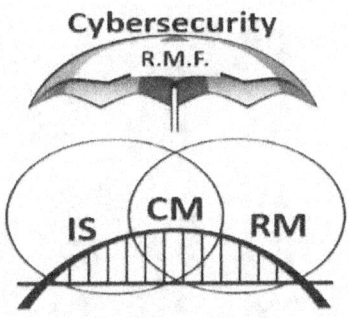

Figura 1. "pontes" CM Segurança da Informação e Gestão de Riscos

Este artigo fornece uma estrutura conceitual de abordar como uma agência se aproximaria de identificar uma solução ConMon verdadeiro através NIST SP 800-137. Discute-se a necessidade adicional para alinhar os requisitos de componentes com os "11 domínios de automação de segurança" que são necessários para implementar verdadeira ConMon. (Ver Figura 2 abaixo). É através da implementação completa e

Figura 2. A 11 domínios de automação de Segurança (NIST, 2011)

integração com outros descritos componentes Veja a Figura 3 abaixo - que uma organização pode afirmar corretamente que alcançou ConMon.

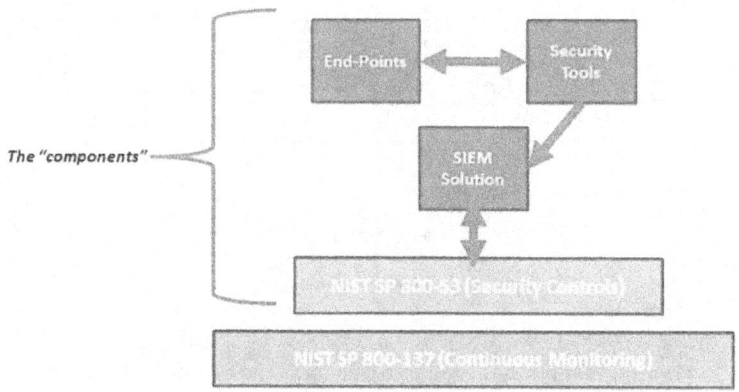

Figura 3. Os "componentes" de uma monitoração contínua efectiva

Monitoramento Contínuo - Primeira Geração

Para ConMon para ser eficaz e genuína, deve alinhar visibilidade end-point com ferramentas de monitoramento de segurança. Isso inclui ferramentas de monitoramento de segurança com conectividade para "end-points", tais como laptops, desktops, servidores, roteadores, firewalls, etc. Além disso, estes devem trabalhar com um dispositivo altamente integrado de Segurança da Informação e Gestão de Eventos (SIEM). O outro "componente" é uma clara ligação entre os pontos finais, ferramentas de monitoramento de segurança, e o aparelho SIEM, trabalhando com os domínios de automação de Segurança (ver Figura 2). Estes incluem, por exemplo, as áreas de detecção de malware, de ativos e gestão de eventos. ConMon deve primeiro resolver esses componentes coletivas para criar uma instanciação "primeira geração".

Mais especificamente, um aparelho SIEM fornece as capacidades centrais de processamento de dados núcleo para coordenar eficazmente todas as entradas e saídas de toda a empresa de TI. Ele gerencia a integração de dados e interpretação de tudocomponentes ConMon. E, proporciona a visibilidade ea inteligência necessária para uma capacidade de resposta a incidentes ativo.

Ao descrever um IMPLEMENTAÇÃO primeira geração, a seguinte expressão aritmética é oferecido:

> DE PONTOS FINAIS VISIBILIDADE + ferramentas de segurança MONITORAMENTO +
> CONTROLO DE SEGURANÇA ALINHAMENTO → (INPUT) SOLUÇÃO SIEM →
> 11 SEGURANÇA DE AUTOMAÇÃO DE DOMÍNIOS COMPARAÇÃO → (OUTPUT)
> [VISIBILIDADE + ANÁLISE + ALERTAS] = ConMon PRIMEIRO GEN

Uma expressão aritmética para a Primeira Geração de Monitoramento Contínuo

dispositivos de ponto-final deve ser persistentemente visíveis para os dispositivos de segurança aplicáveis. Juntas, estas partes devem estar alinhados com os respectivos controlos de segurança, tal como descrito no NIST SP 800-53. A ferramenta SIEM selecionado deve ser capaz de aceitar essas entradas e analisá-los contra as definições de política de segurança definidos, varreduras de vulnerabilidades recorrentes, as ameaças baseadas em assinaturas e heurística / atividade baseada em análises para garantir as condições de segurança do meio ambiente. As saídas do SIEM deve apoiar o ainda mais a visibilidade do ambiente de TI, realizar e divulgar a inteligência vital e liderança atentos a quaisquer perigos em curso ou iminentes. A expressão acima é projetado para fornecer uma representação conceitual do profissional de segurança cibernética tentar apurar implementação ConMon eficaz ou para desenvolver uma resposta ConMon completa para uma agência ou corporação.

Além disso, a SIEM deve distribuir feeds de dados em tempo quase real para analistas e líderes-chave. Prevê multi-nível "painel" fluxos de dados e questões de alerta com base em definições de política prescritos. Uma vez que estes base, funcionalidades Geração são constantemente alinhando com os domínios de automação de segurança, em seguida, uma organização ou empresa pode definitivamente expressá-lo cumpre os requisitos da ConMon.

pontos finais

É necessário identificar os itens de hardware e configuração do software que devem ser conhecidos e constantemente rastreáveis antes de implementar ConMon dentro de um ambiente de TI da empresa. visibilidade ponto final não é os dispositivos de hardware, mas o software de base de cada dispositivo de hardware na rede.

Gerenciamento de Configuração também é um requisito fundamental para a postura de segurança de qualquer organização. Soundly Gerenciamento de Configuração implementado deve ser a base de qualquer implementação completa CM. No início de qualquer é o esforço, cyber-profissionais devem conhecer o "tal como está" estado componente de hardware e software atuais dentro da empresa. end-points devem ser protegidos e monitorados, porque eles são o mais valioso alvo para aspirantes a hackers e cyber-ladrões.

Configuration Management fornece a linha de base que estabelece um meio para identificar compromisso potencial entre pontos finais da empresa e as ferramentas de segurança necessárias. "As organizações com um processo robusto e eficaz [Gerenciamento de

Configuração] precisa considerar informação implicações de segurança relativas ao desenvolvimento e operação de sistemas de informação, incluindo hardware, software, aplicativos e documentação," (NIST-A, 2011).

A RMF requer a categorização de sistemas e de dados como de alta, moderada ou baixa em relação ao risco. As Federal Information Processing Standards metodologia (FIPS) Publicação 199 é normalmente usado para estabelecer níveis de sensibilidade de dados no governo federal. FIPS 199 auxilia a cibersegurança profissional na determinação de normas de protecção de dados de ambos os pontos finais e os dados armazenados nestes respectivas partes. Por exemplo, um sistema que recolhe e retém dados sensíveis, tais como informações financeiras, exige um maior nível de segurança. É importante que pontos finais são reconhecidas como repositórios de dados altamente valiosos para os ciber-ameaças.

Além disso, os profissionais de cyber-segurança deve estar constantemente ciente dos "... os custos administrativos e tecnológicos de oferecer um alto grau de proteção para todos os sistemas federais ..." (Ross, Katzke, e Toth, 2005). Esta não é uma questão de reconhecer o ponto final física sozinho, mas o valor e os custos associados dos dados virtuais armazenados, monitorados e protegidos em uma base contínua. FIPS 199 proprietários de sistemas ajuda a determinar se um nível de protecção mais elevado se justifica, com custos mais altos associados, com base em uma avaliação global FIPS 199.

Ferramentas de segurança

ferramentas de monitoramento de segurança deve identificar em tempo quase real uma ameaça ativa. Exemplos incluem anti-vírus ou aplicações antimalware utilizados para monitorizar as actividades de rede e de ponto final. Produtos como McAfee e Symantec fornecer capacidades empresariais que ajudam a identificar e reduzir as ameaças.

Outras ferramentas de segurança iria abordar no todo ou em parte a domínios de automação NIST Segurança restante. Estes incluem, por exemplo, ferramentas para fornecer visibilidade de ativos, detecção de vulnerabilidades, atualizações gerenciamento de patches, etc. Mas também é importante reconhecer que mesmo os melhores ferramentas de segurança atuais não são necessariamente capazes de defender contra todos os ataques. Novo malware ou zero-day ataques representam desafios constantes para a força de trabalho de segurança cibernética.

Por exemplo, o sistema de EINSTEIN do DHS não teria parado 2015 Office of Personnel Management violação. mais recente iteração mesmo do DHS de Einstein, EINSTEIN 3, um avançado sistema de monitoramento de rede e resposta projetado para proteger as redes dos governos federais, não teria parado o ataque. "... EINSTEIN 3 não teria sido capaz de capturar uma ameaça que [tinha] pegadas não conhecidos, de acordo com vários especialistas do setor," (Sternstein, 2015).

Não até que haja uma maior integração e disponibilidade de inteligência transversal e ferramentas de segurança mais capazes, pode qualquer ferramenta de segurança único nunca ser totalmente eficaz. A necessidade de múltiplas ferramentas de monitoramento de segurança que fornecem "defesa em profundidade" pode ser a melhor estratégia de proteção. No entanto, com múltiplas ferramentas de monitoração o mesmo domínios de automação de segurança, tal abordagem irá certamente aumentar os custos de manutenção de uma agência de seguro ou ambiente de TI corporativo. A determinação do retorno sobre o investimento (ROI) equilibrado com uma abordagem de pontuação de risco ameaça bem definida é ainda mais necessária em todos os níveis do espaço de trabalho de TI federais e corporativa.

Controles de segurança

"As organizações são necessárias para mitigar adequadamente o risco decorrente da utilização de sistemas de informação e de informação na execução de missões e funções de negócio," (NIST, 2013). Isto é conseguido pela selecção e aplicação de NIST SP 800-53, Revisão 4, descrito controlos de segurança. (Ver Figura 4 abaixo). Eles são organizados em dezoito famílias para tratar de áreas de segurança sub-definido como controle de acesso, segurança física, resposta a incidentes, etc. O uso destes controles é tipicamente adaptado para a categorização de segurança pelo respectivo proprietário do sistema confiando FIPS 199 padrões de categorização. A categorização de segurança superior requer maior aplicação desses controles.

ID	FAMILY	ID	FAMILY
AC	Access Control	MP	Media Protection
AT	Awareness and Training	PE	Physical and Environmental Protection
AU	Audit and Accountability	PL	Planning
CA	Security Assessment and Authorization	PS	Personnel Security
CM	Configuration Management	RA	Risk Assessment
CP	Contingency Planning	SA	System and Services Acquisition
IA	Identification and Authentication	SC	System and Communications Protection
IR	Incident Response	SI	System and Information Integrity
MA	Maintenance	PM	Program Management

*Note that these are all the control families required within DOD. Under the NIST 800-171 effort, not all control families are used or required.

Figura 4. Identificadores de segurança e controle de nomes de família, (NIST, 2013)

Informações de segurança e gerenciamento de eventos (SIEM) Soluções

A ferramenta SIEM desempenha um papel fundamental na implementação de qualquer viável "Primeira Geração". Baseado no NIST e orientação DHS, um aparelho SIEM eficaz deve fornecer as seguintes funcionalidades:

- "Os dados agregados de'através de um conjunto diversificado'de fontes de ferramenta de segurança;
- Analisar os dados multi-fonte;
- Envolver-se em explorações de dados com base em necessidades de mudança
- Fazer uso quantitativa de dados de segurança (e não apenas relatórios) fins, incluindo o desenvolvimento e uso de escores de risco; e
- Manter a consciência acionável da situação de segurança em mudança em uma base em tempo real,"(Levinson, 2011).

"A eficácia é reforçada quando a saída está formatado para fornecer informações que é específico, mensurável, acionável, relevante e oportuna," (NIST, 2011). O dispositivo SIEM é o núcleo vital de uma solução completa que recolhe, analisa e alerta o cyber-profissional dos perigos potenciais e reais em seu ambiente.

Existem várias soluções principais SIEM que podem efetivamente atender aos requisitos de NIST SP 800-137. Eles incluem produtos, por exemplo, IBM® segurança, Splunk® e produtos Hewlett Packard's® ArcSight®.

Por exemplo, LogRhythm ® foi altamente classificado na avaliação 2014 SIEM. Logrhythm® fornecido monitoramento de eventos de rede e alertas de possíveis comprometimentos de segurança. A implementação de uma solução de SIEM de nível empresarial é necessário para atender às crescentes exigências de segurança cibernética para auditoria de registros e recursos de segurança para responder a ciber-incidentes. produtos SIEM continuará a desempenhar um papel crítico e evoluindo nas demandas para "... maior segurança e resposta rápida a eventos em toda a rede", (McAfee® Foundstone Professional Services®, 2013). Melhorias e atualizações de ferramentas SIEM são fundamentais para proporcionar uma capacidade de mais alta capacidade de resposta para as gerações futuras desses aparelhos no mercado.

Next Generations

As futuras gerações de ConMon iria incluir capacidades expandidas específicas e funcionalidades do dispositivo SIEM. Estes segunda geração e além evoluções seria soluções mais eficazes em ambientes de rede dinâmicos e hostis futuras. Esses avanços também podem incluir o aumento do acesso a um conjunto maior de repositórios de assinatura de banco de dados ameaça ou heurísticas mais amplas que poderiam identificar anomalias ativos dentro de uma rede alvo.

Outra capacidade futurista pode incluir o uso de Inteligência Artificial (IA). capacidades melhoradas de um aparelho SIEM com AI aumento iria aumentar ainda mais a análise de ameaça humana e prever a capacidade de resposta mais automatizado. "O conceito de análise preditiva envolve o uso de métodos estatísticos e ferramentas de decisão que analisam os dados atuais e históricos para fazer previsões sobre eventos futuros ...", (Instituto SANS). A próxima geração iria aumentar os tempos de resposta humanos e habilidades para se defender contra ataques em uma questão de mili-segundos vice-horas.

Finalmente, ao descrever as próximas gerações de ConMon, não é apenas imperativo para expandir dados, entradas de informação e inteligência para novas e mais capazes produtos SIEM, mas que os conjuntos de dados correspondentes a entrada e também deve ser totalmente controlados para a completude e precisão. Maior acesso à assinatura e bancos de dados de análise baseados em atividade heurísticos proporcionaria uma maior redução de risco. Maior apoio da indústria privada e a Comunidade de Inteligência também seria grandes melhorias para as agências que estão constantemente lutando contra uma ameaça mais-capaz e com mais recursos.

ConMon não será uma realidade até fornecedores e agências podem integrar as certas pessoas, processos e tecnologias. "As necessidades de segurança a ser posicionado como um facilitador da organização deve tomar o seu lugar ao lado de recursos humanos, recursos financeiros, processos de negócios de som e estratégias, tecnologia da informação e capital intelectual como os elementos de sucesso para realizar a missão," (Caralli , 2004). ConMon não é apenas uma solução técnica. Ele exige que as organizações capazes com pessoal treinado, criar políticas e procedimentos eficazes com as tecnologias necessárias para ficar à frente das crescentes ameaças no ciberespaço.

A Figura 6 apresenta uma representação gráfica do que componentes ConMon são necessários para criar uma solução 800-137 compatível global NIST SP; isso demonstra a representação de primeira geração. Existem inúmeros fornecedores que descrevem que eles têm a solução "santo graal", mas até que eles possam provar que se enquadre nessa descrição no total, é improvável que eles têm uma implementação completa de uma solução ConMon completa ainda.

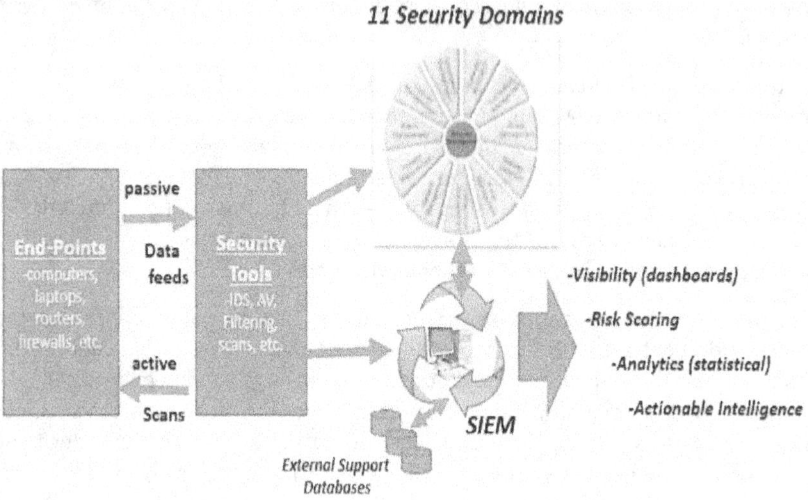

Figura 6. Primeira Geração Monitoramento Contínuo

Notas finais para "Monitoramento Contínuo: uma discussão mais detalhada"

Balakrishnan, B. (2015, 06 de outubro). Insider Threat Mitigation Orientação. Retirado de SANS Institute quarto Infosec Reading: https://www.sans.org/reading-room/whitepapers/monitoring/insider-threat-mitigation-guidance-36307

Caralli, RA (2004, Dezembro). Gerenciando Enterprise Security (CMU / SEI-2004-TN-046). Retirado de Software Engineering Institute: http://www.sei.cmu.edu/reports/04tn046.pdf

Comissão de Sistemas de Segurança Nacional. (2010, 26 de abril). National Information Assurance (IA) Glossário. Retirado de Nacional Contra & Security Center: http://www.ncsc.gov/nittf/docs/CNSSI-4009_National_Information_Assurance.pdf

Departamento de Defesa. (2014, 12 de março). Instruções DOD 8510.01: Quadro de Gestão de Risco (RMF) de Tecnologia da Informação DoD (TI). Retirado de Defesa Centro de Informação Técnica (DTIC): http://www.dtic.mil/whs/directives/corres/pdf/851001_2014.pdf

GSA. (2012, 27 de janeiro). Estratégia Continuous Monitoring & Guia, v1.1. Retirado de Administração de Serviços Gerais: http://www.gsa.gov/graphics/staffoffices/Continuous_Monitoring_Strategy_Guide_072712.pdf

Joint Medical Logística Centro de Desenvolvimento Funcional. (2015). JMLFDC Monitoramento Contínuo Plano de Estratégia e Procedimento. Ft Detrick, MD.

Kavanagh, KM, Nicolett, M., & Rochford, O. (2014, 25 de junho). Quadrante Mágico para Segurança de Informação e Gestão de Eventos. Retirado de Gartner: http://www.gartner.com/technology/reprints.do?id=1-1W8AO4W&ct=140627&st=sb&mkt_tok=3RkMMJWWfF9wsRolsqrJcO%2FhmjTEU5z17u8lWa%2B0gYkz2EFye%2BLIHETpodcMTcVkNb%2FYDBceEJhqyQJxPr3FKdANz8JpRhnqAA%3D%3D

Kolenko, MM (2016, 18 de Fevereiro). ESPECIAL-O Elemento Humano de Segurança Cibernética. Retirado de Segurança Interna Today.US: http://www.hstoday.us/briefings/industry-news/single-article/special-the-human-element-of-cybersecurity/54008efd46e93863f54db0f7352dde2c.html

Levinson, B. (2011, outubro). Federal de Segurança Cibernética Melhores Práticas Estudo: Segurança da Informação Monitoramento Contínuo. Retirado de Centro de eficácia regulatória: http://www.thecre.com/fisma/wp-content/uploads/2011/10/Federal-Cybersecurity-Best-Practice.ISCM_2.pdf

McAfee® Foundstone® serviços profissionais. (2013). McAfee. Retirado de Livro Branco: Criação e manutenção de um SOC: http://www.mcafee.com/us/resources/white-papers/foundstone/wp-creating-maintaining-soc.pdf

NIST. (2011-A, de agosto). NIST SP 800-128: Guia para a Segurança-Focada Gerenciamento de Configuração de Sistemas de Informação. Retirado de NIST Computer Security Resource Center: http://csrc.nist.gov/publications/nistpubs/800-128/sp800-128.pdf

NIST. (2011-B, Setembro). Publicação Especial 800-137: Segurança da Informação Monitoramento Contínuo (ISCM) para sistemas e organizações federais de informação. Retirado de NIST Computer Security Resource Center: http://csrc.nist.gov/publications/nistpubs/800-137/SP800-137-Final.pdf

NIST. (2012, janeiro). NIST Interagencial Relatório 7756: CAESARS Framework Extensão: Um Monitoramento Contínuo Empresa Modelo de Referência Técnica (segundo projecto),. Retirado de NIST Centro de Recursos Computer Security: http://csrc.nist.gov/publications/drafts/nistir-7756/Draft-NISTIR-7756_second-public-draft.pdf

NIST. (2013, abril). NIST SP 800-53, Rev 4: Controles de segurança e privacidade para os Sistemas de Informação Federal. Retirado de NIST: http://nvlpubs.nist.gov/nistpubs/SpecialPublications/NIST.SP.800-53r4.pdf

Ross, R., Katzke, S., & Toth, P. (2005, 17 de outubro). Os Novos FISMA Normas e Diretrizes Alterar a dinâmica de Segurança da Informação para o Governo Federal. Retirado de Agência de Promoção de Tecnologia da Informação do Japão: https://www.ipa.go.jp/files/000015362.pdf

Sann, W. (2016, 08 de janeiro). The Missing Piece chave de sua estratégia do Cyber? Visibilidade. Retirado de Nextgov: http://www.nextgov.com/technology-news/tech-insider/2016/01/key-missing-element-your-cyber-strategy-visibility/124974/

SANS Institute. (2016, 6 de Março). Além Monitoramento Contínuo: modelagem de ameaças de resposta em tempo real. Retirado de SANS Institute: http://www.sans.org/reading-room/whitepapers/analyst/continuous-monitoring-threat-modeling-real-time-response-35185

Sternstein, A. (2015, 6 de janeiro). OPM Hackers Skirted de ponta Intrusion Detection System, diz oficial. Retirado de Nextgov: http://www.nextgov.com/cybersecurity/2015/06/opm-hackers-skirted-cutting-edge-interior-intrusion-detection-official-says/114649/

E ANEXO - NIST 800-171 Compliance Checklist

A seguinte lista de verificação de conformidade se destina a fornecer um guia para realizar uma "auto-avaliação" da postura geral de segurança cibernética da empresa, conforme exigido pelo NIST 800-171.

* Método de Avaliação: Consulte o NIST 800-171A, Avaliando Requisitos de segurança para informações não confidenciais Controlada, que descreve os tipos e meios de auto-validar o controle. Os três métodos de avaliação são: examinar, entrevista e teste.

Ao controle #	Descrição	Método de avaliação*	Documento (Por exemplo, SSP ou Guia Co. Processo)	Página #	Revisados pela	validado por
Controle de Acesso (AC)						
3.1.1	*Limitar o acesso sistema de informação para usuários autorizados, processos agindo em nome de usuários autorizados ou dispositivos (incluindo outros sistemas de informação).*					
3.1.2	*Limitar o acesso sistema de informação para os tipos de transações e funções que os usuários autorizados têm permissão para executar.*					
3.1.3	*Controlar o fluxo de CUI de acordo com autorizações aprovadas.*					
3.1.4	*Separar as funções de indivíduos para reduzir o risco da atividade malévola sem conluio.*					
3.1.5	*Empregar o princípio do menor privilégio, inclusive para funções específicas de segurança e contas privilegiadas.*					
3.1.6	*Use contas não privilegiadas ou funções ao acessar funções nonsecurity.*					
3.1.7	*Impedir que os usuários não-privilegiados de executar funções privilegiadas e auditar a execução de tais funções.*					
3.1.8	*Limitar tentativas mal sucedidas de início de sessão*					

3.1.9	*Fornecer avisos de privacidade e de segurança consistentes com as regras da CUI aplicáveis.*
3.1.10	Utilize o bloqueio de sessão com padrão de esconderijos exibe para impedir o acesso / visualização de dados após período de inatividade.
3.1.11	*Terminar (automaticamente) uma sessão do usuário após uma condição definida.*

Ao controle #	Descrição	Método de avaliação*	Document o(Por exemplo, SSP ou Guia Co. Processo)	Págin a #	Revisados pela	validado por
Controle de Acesso (AC)						
3.1.12	*Monitorar e controlar sessões de acesso remoto.*					
3.1.13	*Empregam mecanismos criptográficos para proteger a confidencialidade das sessões de acesso remoto.*					
3.1.14	*acesso remoto rota através de pontos de controle de acesso gerenciados.*					
3.1.15	*Autorizar a execução remota de comandos privilegiados e acesso remoto a informações de segurança relevantes.*					
3.1.16	*Autorizar o acesso sem fios antes de permitir que tais ligações.*					
3.1.17	Proteger o acesso sem fio usando autenticação e criptografia.					
3.1.18	conexão de controle de dispositivos móveis.					
3.1.19	CUI Criptografar em dispositivos móveis.					
3.1.20	Verificar e ligações de controlo / limite e à utilização de sistemas externos.					
3.1.21	Limitar o uso de dispositivos de armazenamento portáteis					

	organizacionais em sistemas externos.
3.1.22	CUI controle postado ou processado em sistemas publicamente acessíveis.

NOTAS:_____

_____

_____

_____

_____

_____

_____

_____

_____

Ao controle #	Descrição	Método de avaliação*	Documento (Por exemplo, SSP ou Guia Co. Processo)	Página #	Revisados pela	validado por
Awareness & Training (AT)						
3.2.1	*Certifique-se de que os gerentes, administradores de sistemas e usuários de sistemas de informação organizacionais estão cientes dos riscos de segurança associados às suas actividades e dos aplicáveis políticas, padrões e procedimentos relacionados com a segurança dos sistemas de informação organizacional.*					
3.2.2	*Assegurar que o pessoal da organização sejam adequadamente treinados para realizar suas informações atribuídas tarefas e responsabilidades relacionadas à segurança.*					
3.2.3	*Fornecer treinamento de conscientização de segurança em reconhecer e reportar indicadores potenciais de ameaça interna.*					

NOTAS:_____

_____

_____

_____

_____

_____

Ao controle #	Descrição	Método de avaliação*	Documento (Por exemplo, SSP ou Guia Co. Processo)	Página #	Revisados pela	validado por
Auditoria e Responsabilidade (AU)						
3.3.1	*Criar, proteger e manter os registros de auditoria de sistemas de informação na medida do necessário para permitir o monitoramento, análise, investigação e relatórios de actividade sistema de informação ilegal, não autorizada, ou inapropriado.*					
3.3.2	*Certifique-se de que as ações dos usuários do sistema de informação individual pode ser rastreada exclusivamente para aqueles usuários para que eles possam ser responsabilizados por suas ações*					
3.3.3	*Revisão e actualização auditados eventos.*					
3.3.4	*Alerta em caso de uma falha no processo de auditoria.*					
3.3.5	*Correlacionar revisão de auditoria, análise e processos de comunicação para investigação e resposta a sinais de atividade imprópria, suspeito, ou incomum.*					
3.3.6	*Proporcionar a redução de auditoria e geração de relatórios para apoiar sob demanda análise e relatórios.*					
3.3.7	*Fornecer uma capacidade de sistema de informação que compara e sincroniza os relógios internos do sistema com uma fonte autorizada para gerar selos*					

	de tempo para registros de auditoria.
3.3.8	*Proteger as informações de auditoria e ferramentas de auditoria de acesso não autorizado, modificação e exclusão.*
3.3.9	*Limitar gestão da funcionalidade de auditoria para um subconjunto de usuários privilegiados.*

NOTAS:_____

_____

_____

_____

_____

Ao controle #	Descrição	Método de avaliação*	Documento (Por exemplo, SSP ou Guia Co. Processo)	Página #	Revisados pela	validado por
Gerenciamento de Configuração (CM)						
3.4.1	*Estabelecer e manter configurações de base e inventários de sistemas de informação da organização (incluindo hardware, software, firmware e documentação) ao longo dos respectivos ciclos de vida de desenvolvimento de sistemas.*					
3.4.2	*Estabelecer e aplicar as configurações de segurança para produtos de tecnologia da informação empregadas em sistemas de informação organizacionais.*					
3.4.3	*Track, revisar, aprovar / desaprovar, e as mudanças de auditoria aos sistemas de informação.*					
3.4.4	*Analisar o impacto das mudanças antes de implementação de segurança.*					
3.4.5	*Definir, documentar, aprovar e aplicar restrições de acesso físicos e lógicos associados com mudanças no sistema de informações.*					
3.4.6	*Empregar o princípio da menor funcionalidade através da configuração do sistema de informação para fornecer apenas as capacidades essenciais.*					
3.4.7	*Restringir, desativar e impedir a utilização de não essenciais programas, funções, portas, protocolos e serviços.*					
3.4.8	*Aplicar negar por exceção política (lista negra) para evitar o uso de*					

	software não autorizado ou negar tudo, permitir por exceção política (whitelisting) para permitir a execução de software autorizado.
3.4.9	*Controle e monitor de software user-instalado.*

NOTAS:_____

_____

_____

_____

_____

Ao controle #	Descrição	Método de avaliação*	Documento (Por exemplo, ESP ou Guia Co. Processo)	Págin a #	Revisados pela	validado por
Identificação e autenticação (IA)						
3.5.1	*Identificar os usuários de sistemas de informação, processos agindo em nome dos usuários ou dispositivos.*					
3.5.2	*Autenticar (ou verificar) as identidades desses usuários, processos ou dispositivos, como um pré-requisito para permitir o acesso aos sistemas de informação organizacionais.*					
3.5.3	*Use a autenticação multifator para acesso local e de rede para contas privilegiadas e de acesso à rede para contas não privilegiadas.*					
3.5.4	*Empregam mecanismos de autenticação de repetição resistente para acesso à rede para contas privilegiadas e não privilegiados.*					
3.5.5	*Evitar a reutilização de identificadores por um período definido.*					
3.5.6	*Desativar identificadores após um período definido de inatividade.*					
3.5.7	*Impor uma complexidade de senha mínimo e mudança de caracteres quando novas senhas são criadas.*					
3.5.8	*Proibir a reutilização de senha para um determinado número de gerações.*					
3.5.9	*Permitir o uso de senha temporária para logons de sistema com uma mudança imediata para uma senha permanente.*					

3.5.10	*Armazenar e transmitir apenas a representação encriptada de senhas.*
3.5.11.	*realimentação obscura de informações de autenticação.*

NOTAS:_____

_____

_____

_____

_____

_____

_____

Ao controle #	Descrição	Método de avaliação*	Documento (Por exemplo, SSP ou Guia Co. Processo)	Págin a #	Revisados pela	validado por
Resposta incidente (IV)						
3.6.1	*Estabelecer uma capacidade de tratamento de incidente operacional para sistemas de informação organizacionais que inclui uma preparação adequada, a detecção, a análise, de contenção, de recuperação, e as actividades de resposta do utilizador.*					
3.6.2	*Acompanhar, documentar e relatar incidentes às autoridades competentes e / ou autoridades internas e externas à organização.*					
3.6.3	Testar a capacidade de resposta a incidentes organizacional.					

NOTAS:_____

_____

_____

_____

_____

_____

Ao controle #	Descrição	Método de avaliação*	Documento (Por exemplo. SSP ou Guia Có. Processo)	Págin a #	Revisados pela	validado por
Manutenção (MA)						
3.7.1	*Realizar a manutenção de sistemas de informação organizacionais.*					
3.7.2	*Fornecer controles eficazes sobre as ferramentas, técnicas, mecanismos e pessoal utilizado para realizar a manutenção do sistema de informação.*					
3.7.3	equipamentos garantir removido para manutenção fora do local é higienizado de qualquer CUI.					
3.7.4	*Verifique a mídia contendo programas de diagnóstico e teste para o código malicioso antes de os meios de comunicação são usados no sistema de informação.*					
3.7.5	*Exigir autenticação multifactorial para estabelecer sessões de manutenção não locais através de conexões de rede externa e terminar tais ligações quando a manutenção não local é completa.*					
3.7.6	*Supervisionar as atividades de manutenção de pessoal de manutenção, sem autorização de acesso necessário.*					

NOTAS:_____

_____

_____

Ao controle #	Descrição	Método de avaliação*	Documento (Por exemplo, SSP ou Guia Co. Processo)	Págin a #	Revisados pela	validado por
Proteção de mídia (MP)						
3.8.1	*Proteger (ou seja, controlar fisicamente e armazenar de forma segura) contendo CUI media sistema de informação, tanto em papel e digital.*					
3.8.2	*Limitar o acesso a CUI em mídia sistema de informação para usuários autorizados.*					
3.8.3	*Higienizar ou destruir media sistema de informação contendo CUI antes do descarte ou liberar para reutilização.*					
3.8.4	*media Mark com marcações CUI necessárias e limitações de distribuição.*					
3.8.5	*controlar o acesso a meios contendo CUI e manter a responsabilidade para os meios durante o transporte fora de zonas controladas.*					
3.8.6	*Implementar mecanismos de criptografia para proteger a confidencialidade dos CUI armazenados em mídias digitais durante o transporte, a menos protegida de outra forma de garantias físicas alternativas.*					
3.8.7	*Controlar o uso de mídia removível em componentes do sistema de informações.*					
3.8.8	*Proibir o uso de dispositivos de armazenamento portáteis, quando esses dispositivos não têm dono identificável.*					

3.8.9	Proteger a confidencialidade de apoio CUI em locais de armazenamento.

NOTAS:_____

_____

_____

_____

_____

_____

Ao controle #	Descrição	Método de avaliação*	Documento (Por exemplo, SSP ou Guia Co. Processo)	Págin a #	Revisados pela	validado por
Segurança Pessoal (PS)						
3.9.1	*indivíduos de tela antes de autorizar o acesso a sistemas de informação contendo CUI.*					
3.9.2	*Certifique-se que CUI e sistemas de informação contendo CUI são protegidos durante e após ações de pessoal, tais como terminações e transferências.*					

NOTAS:_____

_____

_____

_____

_____

_____

_____

_____

Ao controle #	Descrição	Método de avaliação*	Documento (Por exemplo, SSP ou Guia Co. Processo)	Págin a #	Revisados pela	validado por
Segurança Física (PP)						
3.10.1	Limitar o acesso físico aos sistemas organizacionais de informação, equipamentos e respectivos ambientes operacionais para pessoas autorizadas.					
3.10.2	Proteger e monitorar a instalação física e infra-estrutura de suporte para os sistemas de informação.					
3.10.3	visitantes de escolta e monitorar a atividade visitante.					
3.10.4	Manter registros de auditoria de acesso físico.					
3.10.5	Controlar e gerenciar dispositivos de acesso físico.					
3.10.6	Aplicar a medidas de salvaguarda para CUI em locais de trabalho alternados (por exemplo, locais de teletrabalho).					

NOTAS:_____

_____

_____

_____

_____

Ao controle #	Descrição	Método de avaliação*	Documento (Por exemplo, SSP ou Guia Co. Processo)	Página #	Revisados pela	validado por
Avaliações de Risco (AR)						
3.11.1	*Periodicamente avaliar o risco para as operações organizacionais (incluindo missão, funções, imagem ou reputação), ativos organizacionais e indivíduos, resultante da operação de sistemas de informação organizacionais eo associado processamento, armazenamento ou transmissão de CUI.*					
3.11.2	*Verificar se há vulnerabilidades no sistema de informação e aplicações periodicamente e quando novas vulnerabilidades que afetam o sistema são identificados.*					
3.11.3	*Corrigir vulnerabilidades de acordo com a avaliação dos riscos.*					

NOTAS:_____

_____

_____

_____

_____

Ao controle #	Descrição	Método de avaliação*	Documento (Por exemplo, SSP ou Guia Co. Processo)	Página #	Revisados pela	validado por
Avaliações de segurança (SA)						
3.12.1	Periodicamente avaliar os controles de segurança em sistemas de informação organizacionais para determinar se os controles são eficazes na sua aplicação.					
3.12.2	*Desenvolver e implementar planos de acção destinado a corrigir deficiências e reduzir ou eliminar vulnerabilidades em sistemas de informação organizacionais.*					
3.12.3	Monitorar controles de segurança sistema de informação em uma base contínua para garantir a eficácia continuada dos controles.					
3.12.4	Desenvolver, documentar e atualizar periodicamente os planos do sistema de segurança que descrevem limites do sistema, ambientes de sistema de operação, como os requisitos de segurança são implementadas, e as relações com ou conexões com outros sistemas.					

NOTAS:_____

_____

_____

_____

Ao controle #	Descrição	Método de avaliação*	Documento (Por exemplo, SSP ou Guia Co. Processo)	Págin a #	Revisados pela	validado por
Proteção do Sistema & Communications (SC)						
3.13.1	*Monitorar, controlar e proteger as comunicações organizacionais (isto é, informação transmitida ou recebida pelos sistemas de informação organizacionais) nas fronteiras externas e fronteiras internas chave dos sistemas de informação.*					
3.13.2	*Empregam projetos arquitetônicos, técnicas de desenvolvimento de software e princípios de engenharia de sistemas que promovam a segurança da informação eficaz dentro de sistemas de informação organizacionais.*					
3.13.3	*funcionalidade do usuário separada da funcionalidade de gestão de sistema de informação.*					
3.13.4	*Impedir não autorizada e involuntária transferência de informação através de recursos do sistema compartilhados.*					
3.13.5	*Implementar sub-redes para os componentes do sistema de acesso público que estão fisicamente ou logicamente separadas das redes internas.*					
3.13.6	*Negar o tráfego de comunicações de rede por padrão e permitir o tráfego de comunicações de rede por*					

	exceção (ou seja, negar tudo, licença por exceção).					
3.13.7	*Impedir que dispositivos remotos de estabelecer simultaneamente ligações não-remotos com o sistema de informação e comunicação via alguma outra conexão a recursos em redes externas.*					

Ao controle #	Descrição	Método de avaliação*	Documento (Por exemplo, SSP ou Guia Co. Processo)	Págin a #	Revisados pela	validado por
Proteção do Sistema & Communications (SC)						
3.13.8	*Implementar mecanismos criptográficos para impedir a divulgação de CUI durante a transmissão, a menos que de outro modo protegido por salvaguardas físicas alternativas.*					
3.13.9	*Terminar conexões de rede associados com sessões de comunicações no final das sessões ou após um período definido de inactividade.*					
3.13.10	*Estabelecer e gerenciar chaves de criptografia para a criptografia empregada no sistema de informação.*					
3.13.11	*Empregam criptografia validada-FIPS quando usado para proteger a confidencialidade dos CUI.*					
3.13.12	*Proibir a activação remota de dispositivos de computação colaborativa e proporcionar indicação de dispositivos utilizados para os utilizadores presentes no dispositivo.*					
3.13.13	*Controlar e monitorar o uso de códigos móveis.*					

3.13.14	Controlar e monitorar o uso de voz sobre tecnologias de Internet Protocol (VoIP).
3.13.15	Proteger a autenticidade das sessões de comunicação.
3.13.16	Proteger a confidencialidade dos CUI em repouso.

NOTAS:_____

_____

_____

_____

_____

_____

_____

_____

Ao controle #	Descrição	Método de avaliação*	Document o	Págin a #	Revisados pela	validado por
Sistema e Informações Integrity (SI)						
3.14.1	*Identificar, relatar e falhas de informação e sistemas de informação corretas em tempo hábil.*					
3.14.2	*Fornecer proteção contra códigos maliciosos em locais apropriados dentro dos sistemas de informação organizacional.*					
3.14.3	*Monitorar alertas de segurança de sistemas de informação e alertas e tomar medidas apropriadas em resposta.*					
3.14.4	*Atualizar os mecanismos de proteção de códigos maliciosos quando novas versões estão disponíveis.*					
3.14.5	*Executar varreduras periódicas do sistema de informação em tempo real e verificações de arquivos de fontes externas como arquivos são baixados, abertos ou executados.*					
3.14.6	*Monitorar o sistema de informação, incluindo o tráfego de comunicações de entrada e saída, para detectar ataques e indicadores de possíveis ataques.*					
3.14.7	*Identificar o uso não autorizado do sistema de informação*					

NOTAS:_____

_____

_____

Sobre o autor

Mr. Russo é atualmente o Engenheiro Sênior de Segurança da Informação do Departamento de Joint Strike Fighter de Defesa (DOD) F-35. Ele tem uma extensa experiência em cibersegurança e é um especialista na Gestão de Riscos Framework (RMF) e na Instrução DOD 8510 que implementa RMF em todo o DOD e do governo federal. Ele possui tanto uma certificação Certified Information Systems Security Professional (CISSP) e um CISSP na arquitectura de segurança da informação (ISSAP). Ele detém uma certificação 2017 como Chief Information Officer de Segurança (CISO) da National Defense University, Washington, DC. Aposentou-se das reservas do exército dos EUA em 2012, como a Inteligência Oficial Sénior.

Ele é o ex-CISO no Departamento de Educação em 2016 ele liderou o esforço para fechar mais de 95% dos pendentes US Congresso e Inspector Geral fraquezas cibersegurança défice abrangendo já em cinco anos.

Mr. Russo é o ex-Engenheiro de Segurança Cibernética Senior apoio do Centro Funcional de Desenvolvimento Conjunto médicos Logística da Agência de Saúde de Defesa (DHA) em Fort Detrick, MD. Ele liderou uma equipe de engenharia e segurança cibernética profissionais que protegem cinco grandes sistemas médicos de logística de apoio mais de 200 DOD tratamento médico instalações ao redor do globo.

Em 2011, o Sr. Russo foi certificado pelo Instituto de Gestão de Pessoas como um graduado do programa Candidate Senior Executive Service.

De 2009 a 2011, o Sr. Russo foi o Chief Technology Officer da Small Business Administration (SBA). Ele liderou uma equipe de mais de 100 profissionais de TI no apoio a uma operação de infra-estrutura e segurança intercontinental Empresa de TI abrangendo zonas 12 em tempo; ele implantou tecnologias de ponta para melhorar as operações de negócios e compartilhamento de informações da SBA de apoio à comunidade de pequenos negócios. Mr. Russo foi a primeira Programa Executive Officer (PEO) / Senior Program Manager no Escritório de Inteligência e Análise na sede, Department of Homeland Security (DHS), Washington, DC. Mr. Russo foi responsável pelo desenvolvimento e implantação de sistemas de apoio seguras dados e informações para OI & A para incluir aplicativos e sistemas de software para melhorar a missão DHS.

Ele possui um Master of Science pela Universidade de Defesa Nacional em Liderança Informações Governo com uma concentração em Segurança Cibernética e um Bachelor of Arts em Ciência Política com especialização em Estudos Russos da Universidade de Lehigh. Ele possui certificação Nível III Aquisição de Defesa na gestão do programa, Tecnologia da Informação e Engenharia de Sistemas. Ele tem sido um membro da Aquisição Corps DOD desde 2001.

EPÍLOGO

Um ano após Breach OPM de dados, que tem o Governo aprendidas?

"... A agência já exige que os funcionários de usar **autenticação de dois fatores** *para entrar em seus computadores, o que significa uma senha e um cartão de seguro. Os empregados não podem mais acessar sua*

Gmail ® contas de seus computadores do escritório. OPM também implementou novas ferramentas para detectar malware. ... [O] governo pode ver todos os dispositivos conectados às suas redes, bem como monitorar os dados se movendo para dentro e para fora do sistema ".
(FONTE: https://www.npr.org/sections/alltechconsidered/2016/06/06/480968999/one-year-after-opm-data-breach-what-has-the-government-learned)